モヤモヤしない考え方

田中よしこ

マインドトレーナー

WANI BOOKS

モヤモヤしない考え方

はじめに

「あの子ばっかり〇〇してずるい」
「ノウハウ本の通りにやってるのにうまくいかない……」
「すべて完璧にこなしているのにまったく報われない!!!」

この本を手に取られた方は、このようなモヤモヤした思いばかりにとらわれてしまい、生きづらさを感じている方だと思います。

でも大丈夫。

読み進めていくうちに、そうしたモヤモヤはすぐに消え去り、**スッキリさわやかな自分**で過ごせるようになります。

まずは、あなたを苦しめているモヤモヤの原因の一部をご紹介しましょう。

- 人から認められたい
- モテたい
- 恋人（パートナー）が欲しい
- 成功したい
- お金が欲しい

このような、いくつものモヤモヤの原因に心当たりがあるはず。

多くの方はこうしたモヤモヤした思いを手放そうと、無理にポジティブ思考に切り替えようとし、さらにモヤモヤが大きくなってしまっています。

モヤモヤへの対処の仕方が、そもそも間違っているのです。

モヤモヤの〝扱い方〟が間違っているので、感情がおさまるところにおさまっていない、心が整えられていないから、モヤモヤした思いがずーっとついてまわり、いっこうになくならないだけなのです。

でも、「本当の自分」を取り戻すだけで、誰でも簡単に、すぐにモヤモヤを解消できるのはもちろん、この先ずっと「モヤモヤしない私」にもなれるのです。

このすばらしい状態にだれでも手軽になれる方法を2500年も前から教えてくれていた人がいます。

それが、皆さんもご存知、ブッダ（ゴータマ・シッダールタ）です。

2500年ものあいだ使われてきたブッダの悩み解決法の〝神髄〟が二つあります。そのわずか二つの神髄を知り、これに対応する二つの考え方を実践するだけで、あなたが今抱えているすべてのモヤモヤした悩みはなくなります。

その二つとは――**「非我《ひが》」**と**「無明《むみょう》」**です。

【非我《ひが》】「すべてのものは自分のものではない」〔と知ること〕
【無明《むみょう》】「苦しみの原因について知らない（または、知ろうとしない）」〔のをやめること〕

「いきなり難しい専門用語が出てきた」と思われた方、ご安心ください。

この二つの考え方、じつは、毎日を気持ちよく生きている方であれば知らず知らずのうちにすでに実践している、超簡単なものですから。

私たちが〝心〟の正体を知り、自分の心をより理想的な方向へとうまく導いて〝その人にとっての究極の幸福〟に達するための教えなのです。


さらにうれしいのは、ブッダが開いた仏教の考え方を、超有名な科学者たちも認めてくれていることです。

「相対性理論」で知られる20世紀最高の物理学者・アインシュタイン（舌を出した写真で有名な人）は、次のように言い残しました。

「現代科学に欠けているものを埋め合わせてくれる宗教があるとすれば、それは仏教です」

また日本人で初めてノーベル物理学賞を受賞した湯川秀樹も、こう述べています。

「素粒子の研究に、ギリシャ思想は全く役に立たないが、仏教には多くを教えられた」

仏教は、約2500年も前に生まれました。そんなに古い考え方であるにもかかわらず、**現代の脳科学や心理学、量子論など科学の最先端の考え方ともピタリと適合する部分が、実際多い**そうです。

さて、私の簡単なプロフィールをご紹介させてください。

何を隠そう、私自身が怒りや嫉妬、劣等感など、モヤモヤした思いの塊でがんじがらめになっていた一人です。

母親が宗教に依存していた家庭で育った宗教二世。精神的にも肉体的にも虐待されていた虐待サバイバーでもあり、貧困も同時に経験しました。

そんな背景から「とにかく殴られないことが正解」「殴られなかったらいい日だった」という毎日を過ごしていました。自分の気持ちを理解したり、知ろうとしたりする意識がまったく育たない環境で過ごしてきたのです。

大人になってからは「お金があれば豊かになれる、幸せになれる」「学歴もないから頑張らないと！」という一心で頑張ってきました。

ブラックな企業で毎日毎日、残業に追われながら、日本はもとより海外でも、がむしゃらに働いていたのです。


そんな時期、美しい心を持った一人の同僚と出会うことができました。

彼は私と同じ4人兄弟。

生い立ちを聞くと、内戦ですべての兄弟を亡くし、たった一人で海外に渡り、生き残った両親に何年も仕送りをしていました。

生い立ちから現在に至る話をとても穏やかに語った彼は、こう言って話を締めくくりました。

「だからすごく感謝している」

私にとって彼は、人生で初めて「自分より辛い幼少期を過ごした人だ」と感じた人でした。だから私は、そのような辛い生い立ちに感謝する意味がまったくわからず「いったい何に感謝しているのか」をたずねました。すると、こんな答えが返ってきました。

「今、生きていることに感謝をしているんだよ」

その瞬間、感動と衝撃でしばらく脳がフリーズしました。そして次のような思い、そして問いかけが、頭の中に洪水のように浮かんできてくれたのです。

――こんなにも辛い経験をして、今も辛い状況なのに感謝している人がいる。

こんなに穏やかに健やかに過ごしている人が目の前にいる。
なのにどうして私はいまだに、過去の怒りや嫉妬、劣等感を手放せず、
自分をかわいそうな人だと思い続けているのか。
なぜ起きている間は四六時中、いつもモヤモヤしているのか。
今の私のいったい何に、不満を感じているのか。
こうした自分の考え方こそ、不幸の原因ではないのだろうか?
過去は関係ないのでは?
親は関係ないのでは?
私は〝とてつもなく大きな何か〟を見逃しているのではないか……。

こうした事柄に気づけたのは幸いでしたが、本当の壁はそこからでした。「自分の変え方」がわからず、本当の幸せや本当の自分を探り続ける毎日をさらに十年近くも過ごしたのです。

手探りで進みながら「考え方のクセを自分で軌道修正する方法」や「自分ではなかなか気づけない無意識を丁寧に整える方法」(本書でたっぷりご紹介し

ます）などを発見。今ではあの時憧れた同僚と同じように「今生きていること」に感謝し、毎日を慈しみながらスッキリ楽しく過ごせています。

このように、手探りで自分と向き合った経験の後、心理学から人間の深層心理、脳科学を学んでいくと……。行きついた先はブッダだったのです。なかでも卓越しているのは、前に述べた悩み解決法の二つの神髄「非我」と「無明」です。

ブッダの言葉や教えは、いずれも素晴らしいものばかりですが、この二つだけ知っておけばいい、といっても過言ではないでしょう。

事実、この「非我」「無明」の考え方を軸に、私は今まで10代～60代までの幅広い世代を含む、7500人以上の方々をカウンセリングしてきて、実に9割以上の方にその効果を実感していただいております。

皆さんすぐにモヤモヤした悩みから解放され、本当の自分でスッキリ生きていけるようになっておられるのです。

この本にはそんなメソッドを集約しました。読めば読むほどモヤモヤを手放せて、その瞬間から気持ちよく生きていける内容になっています。

ここまで読んでくださった方はお気づきかもしれませんが、ブッダは実は、世界で一番〝モヤモヤしない人〟でした。

逆に言えば、人々のモヤモヤをなくすためにブッダが生涯悩み抜いたほど、モヤモヤこそが私たち人類の共通の「敵」であり、人生をスッキリした気持ちで楽しく生きていくための「鍵」だったのです。

くわしくは後述しますが、実はモヤモヤは苦しむためのものではなく、あなたに「本当の自分」を伝えてくれるありがたい存在でもあります。

本書を読み終える頃にはきっと「本当の自分」、そして**スッキリさわやかな自分**で気持ちよく生きられていることでしょう。

本書の効果をいち早く実感してもらうために「さっそく1章からどうぞ」といいたいところですが、次のページにある「各章の説明」をまず読んでいただくと、本書の内容がよりスッキリ理解しやすくなるはずです。

第1章　モヤモヤの原因とは？

まずはモヤモヤの原因を簡単に理解しましょう。

第2章　今のモヤモヤをなくす方法

「はじめに」でご紹介した「非我」と「無明」の考え方を使って、モヤモヤをなくすことに成功した方々（お名前はすべて仮名です）のエピソードをたっぷりとご紹介していきます。

「それわかる！」と共感できるエピソードが満載です。

この章を読み終える頃、あなたが今抱えているモヤモヤはスッキリ解消されていることでしょう。

第3章　二度とモヤモヤしなくなる方法

あなたが今抱えているモヤモヤをなくしたいのであれば、第2章まで読めば十分です。

しかし何日か経つと、あなたはきっとこう叫ぶでしょう。
「あれ！　私のモヤモヤ、またぶりかえしてきてない!?」
それもそのはず、第2章までのお話はあくまでも
〝今〟感じているモヤモヤをなくすためのものだからです。
いわば対症療法と一緒。
よくある本であればここまでで十分ですが、
本書ではさらにモヤモヤの根治療法を目指します。

わかりやすく言うなら、肩こりと一緒。
マッサージに行けばその時はよくなりますが、
すぐに再発することもよくありますよね。
だから筋トレをしたり、猫背を治したりして、
肩こりの完全解決を目指します。
これはなかなか辛く、めんどうな作業ですよね。
モヤモヤの根本からの解消も同じことです。

自分の本心をしっかり探り、深く考察するワークを行い
感情の整理整頓をすれば、二度と心が散らからない。
つまりに二度とモヤモヤしない自分になれます。
この作業は自分を、人間を、より深掘りすることになるので、
メンタル的にダメージを受けることがあるかもしれません。
だから無理は禁物です。
あなたのできる範囲でワークを進めてください。

やがてすべてのワークをこなせた時、
かつてないスッキリさわやかな自分で人生をずっと楽しめる、
そんな夢のような未来が待っています。
8千人近い私のクライアントさんの9割以上の方が
実際に成功しているのですから、あなたもきっと大丈夫。
それではいよいよ、モヤモヤをスッキリなくす旅へ出発です。

モヤモヤしない考え方　目次

第1章 モヤモヤの原因とは？

第2章 今のモヤモヤをなくす方法

第3章 二度とモヤモヤしなくなる方法

第1章

モヤモヤの原因とは？

すべての悩みの根源、モヤモヤの原因とは？

モヤモヤの放置ほど危険なモノはありません。
地味に、だけど確実に、私たちの毎日をじわじわと苦しめていきます。
日々をスッキリ過ごしたいのに、そうはさせてくれない。
違和感満載で胸の真ん中に重く居座っている、いや〜な存在感。

「私は物心ついた時からモヤモヤしています！」
そう胸を張って言う人さえおられます。

なぜこんなモヤモヤした自分になってしまったのか？
どうしてあの人は自分と同じようなことが起こってもスッキリした顔で過

ごしているのか？

なぜそれが私にはできないのか？

悩んでいる方も多いでしょう。

でも大丈夫！

そうした悩みのカラクリ（仕組み）や解決するための答えを持っているのも、実はあなたの中にあるモヤモヤなのです。


モヤモヤの正体、それは、〝あなたが持ち続けている未処理の感情〟です。

モヤモヤしているということは、本当の自分が「未処理の感情があるので気づいて！」と教えてくれているサインです。

やっかいなのは、その肝心の〝未処理の感情〟の整理方法がわからないこと。だから先送りしたり、間違った方法で乗り越えたつもりになったりしている人が多いのです。私はそのような方たちをたくさん見てきました。


これからモヤモヤの正体である〝未処理の感情〟との正しい向き合い方を

お伝えしていきます。読み進めていくたび、きっとすぐに前向きな効果が得られるはずです。

未処理の感情を抱えたまま、ポジティブ思考や感謝ワーク（ありがたいと思えることを探して感謝する・自分にとって嫌な相手にも感謝するなどのワーク）をしていてもさして意味はありません。

数十年間、ありとあらゆるチャレンジを前向きに頑張りすぎた結果、鬱になってしまった方がいます。クライアントの小島和美さんです。

事例
1

「嫌われない自分」を守っていた私

小島和美さん（仮名）の場合

「マイナスな言葉は絶対に口にせず、いいことを見つけ、とにかく感謝する！」

「最高の理想をイメージして、そうなるよう願いながら日々過ごす！」

和美さんは、そんなポジティブな女性でした。

いつも笑顔で、身なりはもちろん家の中まで美しく、周りからは素敵な人だと評価されていましたが……。なぜか突然、鬱になってしまいました。より幸せになりたくて、もっと素敵な自分になりたくて、ずっと頑張ってきたのに「何かがおかしい！」。そう気づいて、なかばパニックになりながらご相談にこられたのです。

お話をうかがった私は、「和美さんは〝本当の自分〟がわからない」のだと気づきました。自分でも気づきにくい深層心理や本心を確認するのは、難しいものです。それを探っていくのはとても地味なうえに、大きなエネルギーを要する営みです。かといって、人から「すごいね」と褒められるような作業でもありません。

反対に〝すごい理想に向かって笑顔で頑張っている私〟を見せると、たいていの人は無条件に褒めてくれたり「頑張っているね」と好意的に捉えて評価してくれたりします。だからこそ和美さんも、未処理の感情を抱えたまま頑張りすぎてしまったのです。

和美さんがメンタルにダメージを負ってまで頑張り続けていたのは本心からではなく、「嫌われない自分」を守るためでした。

人と接する時、表向きの自分は笑顔で感謝している和美さんですが、心の中では次のような思考で動いていたのです。

- 人から嫌われるのが怖いから、感謝する
- 人から嫌われるのが嫌だから、笑顔でスルーする
- 人から嫌われるのが怖いから、いいところだけを見せる
- 人から嫌われるのが嫌だから、片付ける
- 人から嫌われるのが怖いから、〝綺麗な自分〟で無理をする

このような言葉を、心の中で毎日自分に投げかけているとしたらどうでしょう。頑張れば頑張るほど、思ったようにいかない現実とのギャップから自己否定の回数も重なり、ついに心が疲れてしまったのです。

和美さんいわく「笑顔で頑張っている最中も、モヤモヤした感情はずっと持っていた」そうです。鬱になった経験は「頑張り方が違うのだ」と気づける大切な出来事だったのです。

※現在の和美さんは、本書でこれからご紹介するメソッドですっかり元気になり、自分らしくスッキリとした気持ちで生きておられます。

私たちは人から嫌われるよりも「好かれたい」と思うものです。

では、和美さんのように心を病むほど嫌われるのを恐れる人と、そうでない人は何が違うのか？

それこそが「はじめに」でお伝えしたように、私たちの感情情報が整理されているのか、未処理かの違いなのです。

自分らしくなるための「万人向けのノウハウ」はない

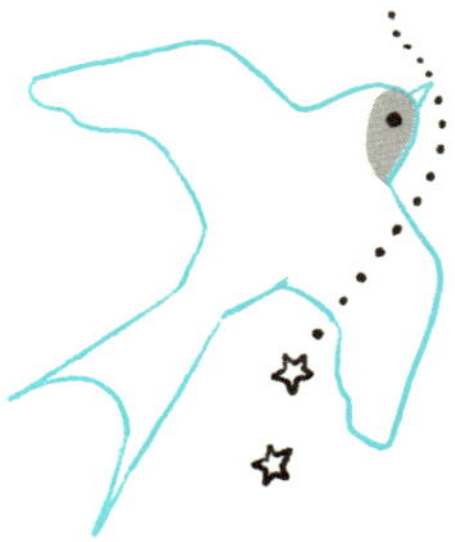

感情を整理するにはどうすればいいのでしょうか？

スッキリ自分らしくなれる方法は、もちろんＡＩが出してくる答えにあったりしませんし、「誰でも〇〇すればＯＫ！」というような、ノウハウもありません。残念な情報をお伝えすると、万人向けのノウハウなどないのです。

そう気づかせてくれる、中島道子さんのお話をご紹介しましょう。

事例
2

情報過多で優先順位がズレていた私

中島道子さん（仮名）の場合

道子さんは、とても前向きで努力家の女性です。しかし、ありとあらゆるノウハウを取り入れた結果、限界を迎えてしまいました。

もともと〝ノウハウコレクター〟だった彼女は、お子さんが生まれたことをきっかけにそのノウハウに完全に追い詰められてしまったのです。


家には大量の育児本。子育てや暮らしに関する講座にも、多数参加。暇があればスマホで情報を検索しながら、仕事も家事も育児もこなしていたのですが……。そんなハードな暮らしは、長く続けられませんでした。

理想の自分は「あたたかい家庭をつくり子どもに愛情を注ぐ自分」だったはずなのに、子どもに優しくできない。ついには怒鳴ったり手を上げるようにもなってしまい、ある日ハッキリと「もう限界だ」と自覚したそうです。


それまでずっとノウハウを駆使してきたので、さらに別のノウハウを探すというのはもう難しく、どうすればいいのかわからず途方にくれる毎日。

思い詰めて、周りにも心配されるほどになりました。

セッションがスタートしてすぐに彼女がメールを送ってきました。

「先生、娘が泣き止まないのですがどうすればいいですか？」

もやはノウハウも活かせていない、学びも役に立たない。そして自分で考えるチカラさえもない状態だったのです。

そんな彼女が自分の本心・感情を俯瞰《ふかん》できたのは、私との次のようなやりとりからでした。

「道子さんが一番大事にしたいものってなんでしたっけ？」

「夫と子どもです。子どもを愛することです」

「そうですよね、今、何に一番時間を使っていますか？」

「うまくいく方法を調べることです」

「子どもを大事にしている人は泣き止まないお子さんに何をするでしょう？」

「まず、自分を落ち着けて子どもを抱っこしてのんびりゆすってあげます」

道子さんはこのように「子どもを大切にしたいのに、肝心の子どもを見ていない自分の行動」に気づきました。そして「子どもをゆっくり見る、子どもと関わる時間を持つこと」を実践し始めます。

今ではノウハウ本やスマホがなくても子どもの顔を見るだけで心の変化や成長に気づけ、望んでいた「深い愛情を注ぎながら子育てを楽しむ自分」に変化しました。

パートナーにも以前は「私はこんなに頑張っているのに、全然協力的でない！」といった不満がいっぱいだったのですが、自分の本心を知り、気持ちに余裕ができたことでパートナーへの接し方や考え方も変わりました。「最高の夫」と自然に思えるようになり、関係も改善。「現実で自分が家族をいかに大事にしていなかったのか」に気づけたのです。

自分に合った方法でないと効果は出ない

「誰でもできるすごい方法」「〇〇するだけで〇〇になる」なんて言葉を見ると、道子さんでなくても「これなら何とかできるかも」と、意図せず「今度こそ変われそうな気がする！」などときめいてしまいますよね。

これまでに多くの専門家たちが「スッキリ生きるための知恵」や「ネガティブ感情の整え方」などを提唱してくれています。

たしかに助けになるものもありますが、落とし穴もひそんでいます。どんなに素晴らしい方法も、あなたに合っていなければモヤモヤを解消してくれない、という点です。なぜなら、脳内情報は人それぞれが違うからです。

私たちの脳には、過去の経験を通して得た情報がそれぞれの解釈で、記憶として保存されています。

例えば海が好きな人は「海が好き」という前提の解釈で情報が集められ、海が苦手な人は「山が好き」という解釈で、海よりも山を優先とした順位で脳に情報が入ってきます。

道子さんはお子さんを愛したい思いとは裏腹に、優先順位が〝完璧に家事をこなす自分〟になっていました。もちろん自分では気がついていません。

そして、そのように優先順位がズレていた原因は「完璧なママでないとお母さん（実の母親）に見捨てられる」という恐怖と戦っていたからでした。

「あんたみたいな要領の悪い子と結婚した旦那さんはかわいそう」

「あんたみたいな子は人一倍頑張らないと」

つまり実の母親の過去の心無い言葉が、知らないうちに彼女の脳内を支配していたのです。そんな事実に気づいた道子さんは、より深く自分と向かい合い、より以前の閉じ込めてきた感情まで思い出すことができました。

そもそもノウハウコレクターになったのは「母親に見捨てられないために

どうすれば要領よくできるか？」という幼少時の気持ちがスタートだったことも突き止められました。だから完璧でない自分への罪悪感がモヤモヤとなって出ていたのです。

道子さんに必要だったのは、子育てや家事の既存の（人が考えた）ノウハウを収集して駆使することではなく、まず「自分らしい完璧とは？」を考え、「自分に合ったノウハウ」を見つけることでした。それが「子どもをゆっくり見る、子どもと関わる時間を持つ！」という決心だったのです。

「自分らしく生きたい」「本当に心からスッキリしたい」と思ったとき。万人向けのノウハウでは人生は変えられません。反対に、自分らしい感情の整理をしていけば、自分に合った最高の方法でモヤモヤを打ち消し、これからの人生をスッキリとした気持ちで進めるのです。

私たちはもう一人の自分と〝補い合いながら〟過ごしている

モヤモヤしていない自分など、いるのでしょうか？

そもそもモヤモヤしない人なんて、存在するのでしょうか？

私もかつてはこんな疑問を持っていましたが、過去の自分の周りには圧倒的に少なかっただけで、モヤモヤせず毎日をスッキリ過ごしている人はたくさん存在します。


スッキリした気持ちで過ごしている人たちは自分を全面的に認めているので、自然と〝冷静に物事を受け止め〟ながら動いています。

しかし、モヤモヤぐせを持っている人は、常にもう一人の自分と戦っています。具体的にいうと「見せたくない自分を出すか出さないか」で自分自身と葛藤しているのです。

例えば、必死に考えてついた嘘や隠し事がバレそうになった時、不安でいっぱいな時間を過ごした経験はないでしょうか？　モヤモヤぐせを持っている人は「本音を出したい」「いや、本音は出さずに隠しておいたほうがいい」などともう一人の自分と無意識に戦い続けているのです。

このように私たちの意識には、自覚している「意識」と自覚のない「無意識」があります。

意識では「バレないだろうから黙っておこう」とごまかしているのに、無意識が「嘘を告白して楽になりたい。だけど告白する勇気もない。もしバレたら？　それも怖い」などと反発しているからモヤモヤするのです。

これを心理学では「認知的不協和」といいます。

つまり自分がモヤモヤを感じる時は「自分と戦っている証拠」なのです。

反対に、スッキリしている人は「素の自分を出せている」「すんなり思いを伝えられる」「あっさり自分の非を認めて謝る」など、意識と無意識が戦っていないから、モヤモヤせずにやりたいことや好きなことに集中する時間の使い方をしています。

では「もう一人の自分」とは誰か？

それは**私たちが日常的に意識していない心の活動や思考の一部のこと**※注1を指します。どちらも同じ自分の一部なのですが、はっきりとした自覚はないのに、思ってもみない言動が出たりするから不思議です。

無意識が「不都合な自分や現実」を発見した時、私たちの脳には「自分の精神を守るために問題から目をそらそうとする習性」があります。

このために用いられる心理的メカニズムを「防衛機制」といいます。

この時に生じる違和感が「モヤモヤ」として、チリが積もるように小さいものでもどんどん溜まっていってしまうのです。

ですから私たちが戦っているのはほかでもありません、自分自身です。自分のなかで〝不都合な自分や現実〟から目をそらす作戦をいつも忙しく実行しています。だからずっとモヤモヤしているのです。

「戦っている」ということは、防御しないとダメージを受けますし、疲れます。癒したり守ったりと、もう一人の自分と忙しくやりくりをしているわけですから、当然でしょう。

自分の不足部分を補う「ダメなパターン」

このような辛い毎日を過ごしていると、自分を守ろうとして「自分以外の多様なもので価値をつける」という戦略をとりがちです。

そして、自分の足りないものを補うために手軽にアピールできて認めてもらえた気になれるのが、とくにＳＮＳの世界です。

純粋に自分の好きなものや趣味を楽しむ方法としてSNSを活用したり、人生を豊かにするために交流を楽しんでいる人は、素晴らしい使い方をしているると思います。しかし、何かを埋めるためにSNS中心の生活になっている人は、オンラインの世界に逃避しながら、自分の足りない何かを補っているのです。

「自分の不足部分の補いのパターン」は、ほかにもさまざまです。

ネットなどでよくみられる「○○警察」や、有名人やニュースの登場人物をたたく行為に見られるように、自分がやりたいことを楽しめていないイライラを、楽しいシーンを投稿している有名人などにアンチコメントを入れることで解消する。

容姿に劣等感がある自分を認めたくなくて、羨ましいと思う有名人を執拗《しつよう》に攻撃してしまう。自分の中の受け入れがたい日常の感情や対象を物や他人に向け、感情のはけ口にしてしまう。自分の悪い面を持っている人を見て、見たくない面を押し付けるかのように非難する。理想が満たされない時に、わざと自分や他人を過小評価して、報われない思いに報復する――などなど、挙げ出したらきりがありません。

これ以外にも人により表現の仕方が違うので、書ききれないほどの「補いのパターン」があります。

私も幼少時に親から殴られていた頃は、いい子だと思われるように、言い訳をしたりいい子ちゃんを取り繕ったり、できる限り手を尽くして自分を補い、守りながら過ごしていました。

これらはすべて理想と違う自分の状態から目をそらしたいあまりに、必死で過ごしている自分の姿でもあります。だから自分の中の感情がモヤモヤを発生させ、「私は充分でない」「無理をしている」と教えてくれているのです。

何かと戦っているうちは、全面的に自分や人を認める生き方はできません。「現実から逃げるのは良くない」、そうわかっていても変えられなくて困っているんですね。

そんなあなたに、最適な答えをこれからお届けしていきます。

素の自分で過ごすと何十倍も感動する

前述したように、自分のなかで〝不都合な自分や現実〟から目をそらす作戦を続けていたり、「もう一人の自分」とやりとりを重ねていたりするだけで、モヤモヤはどんどん溜まっていきます。それは言い換えると「素の自分」で過ごしていないということ。そんな状態では、感情の感度が1／10くらいに低くなってしまいます。

もちろん、素の自分で過ごすことには勇気も必要。ですが、試みる価値は絶対にあります。なぜなら、とてつもない感動を毎日味わえるからです。

たとえば誰かに親切にしてもらった時。「何か裏があるのでは？」と疑いながら親切心を受け取るのと、「本当にありがたい！」「嬉しい」と全力で受け取るのとでは感度や感動が違う、と言えばわかりやすいでしょう。

素の自分を出せず、人とのつながりを追い求めて八方美人な自分を演じても、虚《むな》しさから逃れられず、自分に嫌気がさしていたのが石橋早苗さんです。

事例
3

持ちたくもない〝信じ込み〟通りに生きていた私

石橋早苗さん（仮名）の場合

「健康で友達もいるのに、どうして幸せを感じられないのかわからない。モヤモヤの正体がわからない」というのが早苗さんの悩みでした。

「一人でいると惨めな感情がつきまとって、辛い」というのです。

周りの人間関係のお話をうかがっても、感謝の言葉を口にされますし、一見、幸せな要素しか見えない印象です。

早苗さんの惨めな気持ちは、実は心の孤独から来ていました。

- ご飯や遊びに行く友達はいても、本心をわかってくれる人はいない
- 不満やネガティブな思いを口にすれば、人は離れる
- 本当のことを言ったところで、どうせ理解はされない

このような思い込みで、本当のつながりをあきらめながらも、嫌われないように精一杯〝感じ良く〟生きていたのです。

「人と人は他人なのだから、本当の意味で親密にはなれない。だって親とも

親密になれていないのに他人となんて無理に決まっていますよね」

これは彼女が実際に口にした言葉です。

また対話を重ねるうちに「何をしても親の関心を引けなかった」という過去も吐露してくださいました。

それは苦しい記憶だったと思います。ですが早苗さんは、本心では親密で信頼し合える関係を望んでいるのです。

なぜなら、人と関わらないほうが心地いいと思っている人は、自分をわかってもらえなくて辛いなんて思わないからです。早苗さんの心の中ではこのような問答が繰り広げられていました。

「本当は心から信頼し合える人間関係を築きたい。
人とより深くつながりたい」
「そうするには自分の本当に思っていることを口に出さないといけない」
「だけどそれをすると人は離れていくのではないか」
「とはいえ一人ぼっちは嫌だから表面上だけでもつながっておきたい」

「だから我慢は当たり前だ」
「わかっていても虚しい……ほかの人たちは当たり前に人間関係を構築できているのに、こんなに葛藤し続けないと人とつながれない自分は惨めだ」

虚しさや惨めさという感情を使って、早苗さんの本心が早苗さん自身に伝えたかった思いは、

「望んでいる生き方とは違う。心から信頼し合える人間関係を築きたい、もっと深く人とつながりたい！」

でした。そして、その本心を一番なおざりにしているのはほかでもない早苗さん本人だったのです。

早苗さんのように、何をしても親の関心を引けなかったと結論づけている人は、役割を演じて一時的にその場を乗り切ろうとしています。つまり「本心を隠して表面的につながっておくだけの思考パターン」で人と関わってしまうのです。

早苗さんが嫌気がさしてしまったのは、本当はもっと本音で関わりたいのに、あきらめたふりをして演じ続ける自分に対してでした。

人は「無理だ」と決めつけているもののためには頑張れないものです。

だから、「無理だ」という信じ込みは、手放すに越したことはありません。

そして次の段階は「自分が欲しいもの」をまず認めることです。

早苗さんは「自分が一番欲しい生き方」を無理だと決めつけていました。

ですから、その信じ込みを捨てることが何より大事でした。

早苗さんは、自分への問いかけを重ねました。

「親と他人は別の人たちなのに、どうしてひとくくりにしていたのだろう」

「いつから『みんなそうに違いない』と思い込んでしまっていたのだろう？」

「自分は〝持ちたくもない信じ込みの通りに生きている！〟」と気づけた早苗さんは、選択や行動を一つ一つ変えていきました。

❶「思ったことは我慢せずに『そうなんだ』と認めること。

❷認めたもの、欲しいものは手にできると信じて行動を変えること。

この❶❷のサイクルを繰り返すことで「無理しながら付き合っていた関係を整理する」「誘いを断る」「途中で抜ける」「ネガティブな思いも丁寧に口にする」など、我慢した時の対処法を使いながら人と関われるようになりました。そうすると、人と会う時は気合いが必要で朝から憂鬱だったのが、気負いなくラクで嬉しい時間に変化しました。

早苗さんが変化したことで離れて行った人はいます。でもお付き合いが続く人もいますし、関係がより良くなった人や新しいご縁も増えました。

というのも、ダメ出しされそうで怖いと思っていたサバサバした人たちが苦手で距離をとっていたのですが、自分の思いを口にするようになってからは、そういう人たちに対して「思いを気持ちよく言える人は素敵で強い人だ」と解釈が変わり、そういった人たちとも仲良くなれたからです。

早苗さんが憧れていたけれど「どうせ私とは違う人たちなんだ」と感じていた自立した人たちと一緒のほうが心地いいと感じたことも新しい発見でした。

新しい仲間からのご縁で、なんとやりたかった仕事にも就けました。変化を見ている友人たちから相談されることも多くなって、ご自身が変われた経験をもとに話を聞いたり、アドバイスしてあげているそうです。

表面上は仲良くしながらも、我慢しながら人とお付き合いしていたかつての自分から、これまでは隠れていた好奇心旺盛な早苗さんも出てきて、新しい経験を楽しむ日々を味わっています。

「いつか人は離れてしまうのだ」と不安を感じて付き合うのと「大好きだから」「会いたいから」と楽しみながら付き合うのはまったく違うのだと、実感を持って知ったのです。まさに素の自分で今までの何十倍も感動しながら過ごせるようになったのです。

素の自分で人と関われるようになると、家族の笑顔や人の温かさに触れられることはもちろん、自然の美しさへの感動や、頻度が変わります。素の自分を出さないのは、人から自分を守ったほうがいいと思いながら防御態勢で関わっているため、緊張や不安を感じながら接しているからです。

私自身も自分や人を信頼できるようになってはじめて、「毎朝気合いで起きていた日々だったのに、人生ってこんなにラクで、人といるって楽しいんだ！　こんなに楽しい毎日があるなんてスゴイ！」と驚いたものです。

このように「自分や人を信頼できるようになったこと」で大きく変化したのは、早苗さんだけではありません。あるクライアントさんは娘さんから「お母さんはカウンセリングに行く前はロボットみたいだった」と言われて驚いたそうです。

だからもし、今あなたがモヤモヤを手放せなくて、そんな自分のことを〝今は〝嫌だと思っていても、自分だけは素晴らしい未来をあきらめてはいけません。そして自分だけは、自分を嫌ってはいけません。

なぜなら、自分が嫌だと感じている思考パターンの手放し方がわからないだけであって、あなたはあなた自身を嫌いながら生きたいわけではないからです。

さて、ここまでお読みいただき「モヤモヤの正体とは何か」をおおよそご理解いただけたかと思います。

「まだわからない！」という方もご安心ください。読み進めていただくうちにおのずと理解できていきます。

次の章からはいよいよ「非我」と「無明」の視点を使ってモヤモヤを消して（そして活かし）、人生をまるごとスッキリさせる方法をお届けします。

第2章

今の
モヤモヤを
なくす方法

まずは目の前の状況と頭の中の状況をマッチさせる

「人生のモヤモヤをまるごとスッキリできる方法がある」

そう言われたら、あなたはどう思うでしょう。

私はこれまでたくさんの方が数十年抱えていた悩みを〝あっさり〟クリアした瞬間に何度も立ち会ってきました。

あまりにも簡単にモヤモヤを消し去れるので、「これまでの私は何だったのでしょう?」とポカンとする人もいれば、「こんなにも簡単に変えられるなんて、今までの自分に腹が立つ!」と怒り始める人までおられるので、あまりにも簡単に解決するのは良くないのかも……と感じる時もあるくらいです。

まず大前提として――。

モヤモヤとした悩みを抱えている人は、悩み〝だけ〟にフォーカスするために脳を使っていることに気づいていません。というか「考えたこともない」のです。例えば次のようなシーンを考えてみてください。

仕事で落ち込んでいるAさんは、レストランで食事をしています。ですが、考えたくもないのに、失敗したできごと、同僚からの冷たい視線、自分への非難がとまらない……。

モヤモヤ歴が長い方は、こういったシーンに心当たりはありませんか？

この状態のAさんはレストランにいて、目の前にはおいしい食事や飲み物、サービスを提供してくれるスタッフがいる状況。ですが、「過去のできごと」（仕事での失敗＝悩み）にフォーカス中だとわかります。

現在の「レストランの中で過ごしている自分」がいる一方で、頭の中には「過去の失敗のせいで同僚から非難されている自分」がいて、現実と頭の中の状況がマッチしない。だから今の状況は機械的にスルーしながら過ごす。

こういった思考パターンがAさんのモヤモヤのクセなのです。

表面上は同じことをしていても、マイナスな思考に引っ張られて「心」がダメージを受けながらとそうでないのとでは疲れ方がまったく違います。

例えば仕事をしている時間で考えてみると、楽しく集中して仕事をしているのと、いつダメ出しされるのか、またいつ嫌味を言われるのかとびくびくしながら仕事をするのとでは、経過時間も長く感じますし、終わった後の疲れ具合いはまったく違いますよね。

このように、〝今〟何にフォーカスしているのかを確認したり、現実と頭の中の状況がマッチしているのかどうかなど、ズレている部分に気づけるようになると、モヤモヤからの切り替えは誰でも簡単にできるようになります。

こういったズレを整える方法を、ほかでもないブッダは2500年も前から教えてくれていました。

その教えが「非我《ひが》」（すべては自分のものではないと知ること）です。

「非我」とは

モヤモヤする大きな要因の一つとして「執着」があります。

皆さんのなかには、次のような夢を掲げて頑張っている人もいるでしょう。

「いい会社に入ってお金を稼ぎ、高級マンションに住みたい！」

「素敵なお洋服を、好きなだけ買いたい！」

「海外の有名ホテルに泊まって、みんなに自慢したい！」

「今人気の、血統書付きのかわいらしいペットを飼って注目されたい！」

「かっこいい外国車を乗り回したい！」

「もっとフォロワーを増やしてモテモテになりたい！」


だけど、ちょっとだけ確認して欲しいのです。

あなたのその〝欲しい気持ち〟は本当に本心でしょうか？

それともただの〝執着〟でしょうか？


お金や他人への執着は「嫉妬」や「劣等感」から来ています。

まずは執着をなくしていきましょう。

そうすれば嫉妬や劣等感を消し去り、本心で生きられるようになります。

さらに、自分の意図と違うことが起きた時でも、気にせず楽しめるようになります。


執着がないから、成功しても失敗しても気にならず、純粋に目的への過程も含めて自分らしく楽しめるのです。

すべてのことを本当にやりたくてやっている状態になれる。

だから努力する、頑張りもする。

このような最高の状態になれます。

生きていてとても気持ちがいい状態です。

「自分のもの」など何もない

「自分のもの」とはなんでしょう？

あなたは定義を説明できますか？

ブッダの定義は「自分にどうにもできないものは、自分のものではない」です。つまり、「自分でどうにかできるものだけが自分のもの」ということ。

「自分のものではないものに、執着や不安は不要だ」という教えです。


私たちは自分の周りにあるもの・持ち物は自分のものだと認識しています。

自分の身体（の健康）に関してもそうでしょう。しかし、よくよく確認してみると自分のものなど何もないと気づかされます。

例えば私たちの身体に〝健康でいろ〟と命令しても、そうはいきません。「老けるな！」といくら念じても年齢を重ねるとそれなりになります。

このまま会社に居続けたい、自分の会社をもっと大きくしたいと願っても、倒産することもありますし、世界情勢も思い通りにはいきません。

こういったすべては自分の力ではどうにもできないという「非我」の概念がないと、相手の言動が思い通りでないと不快になったり、コントロールしようとしたり、どうにもできない事象に一喜一憂して振り回される人生になります。

では「仕事で努力したり、自分なりに健康でいられるように気を付けるのはどうなの？」と思われた方もいるでしょう。

自分のものではないのなら、どのような捉え方になるのか。

それらは「今はたまたま持っている」という解釈になります。仏教では「お借りしている」という言葉を使っています。

「たまたまお借りしているご縁のあった身体を丁寧に使おう」

「たまたま手元にお金があるが、自分のものではない」

そんな捉え方で見てみると、この「非我」の状態も一理あると思いませんか？

達成感、優越感ほど怖いものはない

「仕事の実績や収入、肩書、そのほか世間からのあらゆる評価は、自分のものにできる！」

そう考える人たちが争いや亀裂を生みながら、時には健康まで損ないながらそれらを得ようとします。

ですが、世間の評価、自分で手にしたと感じている量で測れるもの。こういったものたちが「結局は自分のものにはならない」「重要なものではない」としたら、どうでしょうか？

もしあなたが、これらがまだ「自分のものになるのだ」と思っているのなら、今からお伝えする内容を改めて確認してみてください。

評価や、量や数字が多い結果を手にすると、達成感や優越感はたしかに得られるかもしれません。

ですがその達成感や優越感は、どれくらい持続するでしょうか？

それどころか「もっともっと」と欲しがるサイクルになって息苦しくはなっていませんか？

クライアントの青木美穂子さんの事例をお伝えさせてください。

事例
4

「他人の評価＝自分の価値」と思い込んでいた私

青木美穂子さん（仮名）の場合

頑張り屋さんで、いい意味で「負けず嫌い」な美穂子さん。彼女は、入社1年目の営業成績で新人賞を獲りました。

チームメンバーにも祝福され、初めて人から認められた気がしました。臨時のボーナスまで入って嬉しくて「もっと頑張りたい！」と思ったそうです。

ですが次の年に入ってきた新入社員が、美穂子さんよりもさらに上の成績で新人賞を獲った時に悔しさでしばらく仕事が手につかないほどになってしまいました。

「あの子はコネが多いから、私の時よりも優遇されている」

そんな嫌な感情まで出てきて、強い劣等感に飲み込まれそうになりました。

誰でも大なり小なり優越感や劣等感を感じたことはあると思います。

一過性の成績や評価を「自分のもの」だと勘違いして、思いやりから離れた思考が出てきて、人に優しくできなくなってはいないでしょうか？

美穂子さんのように「数字や量の多さが自分の価値」だと思い込んだ際に発生する、ある落とし穴があります。

自分自身の価値と一瞬だけの評価や数字の情報を結び付けてしまうのです。

つまり「○○があるから私には価値がある」と感じてしまう。

この思考があると、逆に「○○がないと自分には価値がない」と惨めさが出るので、やがて強いマイナス感情が出てきて、美穂子さんのように「他人を認めたくない思い」が出てきます。


数字や量ではなく、「自身の素晴らしさ」を自分が認めないと、わかりやすく見えやすいもので自分を覆うことにフォーカスしてしまいます。自分の価値がプラスされるような気がして、追い求め続けてしまうのです。

そのことに気づくのは、多くの場合、心身の健康が損なわれたりトラブルが起こったりした後です。


あなたが今重要だと思っているものは、本当に人生の時間や健康を損なうほどの労力をかけてまで手にしたいものでしょうか？

私たちが持っている時間とは「死ぬまでの時間」です。

お金も評価（名誉）も、あなたが死んだ後「持つこと」はできません。

ですから、それらを所有することに、こだわりすぎる必要はないのではないでしょうか。それよりもむしろ**「自分が本当に大切にしたいもの」「人に喜んでもらえるもの」にフォーカスしましょう。**それができてはじめて、「自分のために生きている」「自分の人生を楽しんでいる」実感を持てるはずです。

すべてのことは自分では決められない

「自分が本当に大切にしたいもの」「人に喜んでもらえるもの」のために評価やお金が必要なら。それらを得ようとすることは、あなたにとってもちろん大切なステップでしょう。

しかし「評価やお金は、とにかく多ければ多いほどいい」と感じていたり

「人より多くの評価やお金を得ていると安心する」などと、漠然と考えているだけなら。それは見過ごせない、SOSのサイン。心の中に、「もっと自分に価値をつけたい」「人よりも上になりたい」という今の自分への満たされない思いがあるのかもしれません。

考えてみると、自分が世界一になっても、有名人になっても、評価するのは世間の人たち。なので、評価されても、いつまで評価してもらえるのかわかりません。お金を稼いでも幸せになるかどうか、いつまでも手元に残るのか、将来増えるのか減るのかも誰にもわかりません。

諸行無常というように、世のすべてのものは、移り変わり、また生まれては消滅する運命を繰り返し、永遠に変わらないものは何もありません。

嫌な出来事があっても、「日々流れる大量の出来事の一部かつ一時的なもので私のものではない」。

マイナスの感情が出てきても「たくさんある感情の一部を感じている状態で、私のものではない」のです。

過去や未来の不安は「私のものではないからわからない」のです。

ではそうした今のモヤモヤを消すには具体的にどうすればよいのでしょう。

過去にあった嫌な出来事を思い出してみてください。

もし、相手のあることなら相手の事情もあります。

私のように親から虐待された背景には「母に余裕がなかった」「私とは考えの違う宗教を信じていて、押し付けられていた」という事実があります。

その場合、次のように自分の考え方を丁寧に振り分ける作業をします。

「自分の考えを振り分けるワーク」の例

母の背景は私のものではない。私のとは違う。
相手が押し付けたかったものは、相手のもので、私のものではない。
相手が考えたい、信じたいものは相手の自由で、私のものとは違う。
だから受け取りたかったら受け取ってもいいし、
そうでなければ受け取る必要はないし、断っても拒否をしても良い。

また、未来の不安（モヤモヤ）をどうしても何とかしたい方は、何に対して不安を感じているのかを明らかにして、自分に対する対処方法を考えてあげてください。なぜなら、漠然とした不安こそが、実はさらに不安を呼ぶからです。答えがわからないままだと、不安が大きくなるからです。

災害の備えのように、物理的に対処できるものは自分に何ができるのかぜひ考えてみてください。そして、いくら完璧に準備をしていたとしても、たまたま自宅にいなかった、たまたま思いも寄らない状況になっていたなんてこともあり得るということも知りましょう。

次に「非我」に関連する別のお話をしていきます。

「非我」が強く関係するのは「思い込み」です。思い込み、言い換えると偏った捉え方から、ボタンを掛け違えるかのように、人生がうまく回らなくなっていくことがあります。ですから、まずは思い込みを見つけることが肝心です。自分自身を理解する過程で、思い込みを解消し、人間関係も好転し、「恋愛依存」からも脱却できた。そんな事例をご紹介します。

クライアントの田中あゆみさんの事例です。

事例
5

我慢か拒否か二択しかなかった私

田中あゆみさん（仮名）の場合

あゆみさんは幼少期、親にとって待望の男の子（弟）の出産がきっかけで「親から自分への愛情はなくなった」と感じるようになります。

そして「自分は虐げられる存在だ」「弟よりも自分にかけられる愛情は下だ」と一方的に捉え続けました。その結果、「相手からの自分に対する愛情が減ったかどうか」を極端に気にする思考パターンを持ってしまったのです。

この思考で長く生きると、「我慢する」「顔色をうかがいながら愛情を確認する」といった言動が当たり前に身についてしまいがちです。

ですが、あゆみさんの1つ年上のお姉さんは弟をかわいがり、家族との関係は変化なく、楽しく過ごしておられるのです。

つまりお姉さんは、周囲の変化を受け入れ「より楽しく過ごせるチカラ」を体得できたわけですから、同じ環境で育ってきたあゆみさんにも当然、それは可能だったはず。

「自分は愛されないから我慢すればいい」と結論づけるだけでなく、どうにもならないものと折り合いをつけ、自分らしい対処法を身につけていくこともできたはずです。

ただ、あゆみさんは、「我慢か拒否か」という究極の二択だけで過ごしているため、折り合いをつけられない事柄が多くモヤモヤも溜まる一方なのです。

日々の生活の中で、自分が反応しているものに対しての受け止め方を丁寧に理解していくのが本当の自己理解です。

「自分の思い通りの反応以外は否定されている」

「相手の期待に応えないと、拒否される」

このような偏った捉え方をしていては、良い人間関係を構築するのは当然難しくなります。またこういった〝思い込み〟は知らないうちに、あらゆる方向からあなたの人生を締め付けています。ですから、思い込みを見つけ、自分を理解するだけで、どんな生き辛さも緩んでいくのです。

あゆみさんは自分を理解した結果、家族関係は改善し、恋愛依存も解消しました。こうした自己理解の方法は146ページでもくわしくご紹介します。

モヤモヤを消すのを邪魔する脳のクセ

「すべてのものは私のものではない」と考える「非我」の思考は、実は「自分がどの思い込みをどれだけ信じているか」「どれだけ長く持っているか」で自分のなかに〝情報〟を取り込めるか否かが決まります。

心理学では**「確証バイアス」**と呼ばれていますが、**思い込みが強すぎると、〝自分の先入観や仮説を肯定するため〟都合のよい情報ばかりを集め、思い込みを強化し続けるので、事実だと認定してしまう**のです。

「都合のよい情報」とは自分が信じたい情報なので、頭では嫌だと思っていても関係がありません。

「不幸は嫌だ」と感じていても、「私は不幸だ」と無意識が信じていると、自分が不幸な証拠探しをして、不幸だという解釈に〝寄せて〟いく。モヤモヤしている人は、こういった思考に時間とエネルギーを使い続けているのです。

このように自分自身にとって都合のよい情報や感情をずっと抱えているからこそ、まるでそれが自分の一部のように感じてしまうのです。

私たちは気づかぬうちに脳の特定部分ばかりを使いながら生活しています。しかもそれは無意識に行われています。

脳は自分を守るために機能していて、危険を避けるために「過去に経験してきたこと」の中から、安全なものや楽な（使い慣れた）ものを選んでいます。

ですからこれまでのモヤモヤした自分と違う思考パターンで動くには、次のように考えることが大事です。

❶ **本当にそれが自分にとって必要な考えなのかを確認する**

❷ **「自分にどうにもできないものは自分のものではない（「非我」）」**と考える

このやり方は、**「無意識の思い込みから自分を理解する方法」と「非我」を掛け合わせたハイブリッド的な手法**です。

この手法を使うと、新しい視点と思考で〝モヤモヤ〟を見ることができます。結果、感情が整理され、モヤモヤから解放されます。

「自分でどうにかしなくてはならない」という思い込みも緩みます。

この手法に慣れ、いつでも使えるようになると、必要なものと不要なものがハッキリとあなた自身で選択できるようになり、頭の中にとどめている時間も短縮されます。つまり「非我」の視点とは、頭の中にとどめている「執着」の切り離し作業をスムーズに行える考え方でもあるのです。

「○○するべきだ」
「○○しないといけない」
「自分は○○でないといけない」

こういった思考で動いている人は「非我」の視点が持てていない人です。

「身体もお金も人も、自分で創った会社も自分のものではない」
「自分のものではないからコントロールはできないしする必要もない」
「重要だと思っているものは実は不要なことだった」
「持たなくてもいい悩みに執着していた」

こうした気づきがないと、モヤモヤが増えるのは当たり前です。

このようなブッダの「非我」の視点をさらに具体的にどのように使うのかは「『執着』は本心からの大切なメッセージ」（112ページ）でもくわしくご紹介します。

「非我」の視点で解放される3つの生きづらさ

セッションをしていて続々とクライアントさんたちの改善の変化が大きくなり、驚いた時期がありました。

その時に実践し始めたのが先ほどお伝えした、「無意識の思い込みから自分を理解する方法」と「非我」を掛け合わせたハイブリッド的な手法です。

生き辛い人はモヤモヤした悩みを抱え、しんどい、今の状態から解放されたいと感じているのですが、現実では悩みに執着した正反対の生き方をしてしまっていることに気づいていません。

次に「非我」の視点で解放される3つの〝生きづらさ〟をご紹介します。

「Ⅰ．執着」「Ⅱ．劣等感」「Ⅲ．依存」。

これらが、非我の視点によって解決できる「3つのモヤモヤ」です。

1．執着は一番簡単に手放せる

モヤモヤから解放された人たちが一番驚くのは、悩みやモヤモヤと向き合っていたつもりだったのにもかかわらず、自分のことがまったくわかっていなかった事実です。

それどころか正反対の状態になっていることもあります。

「こんな自分はイヤだ・すぐにでも変わりたい」と言いながら、執着を手放さず、変化を拒んでいた、そんな自分に驚くのです。

私たちは、毎分毎秒、たくさんの刺激や情報に触れているので、情報のすべてを同時に処理することができません。

また一度に受け取る情報量には限りがあります。そのため情報を必要か不要か自動で分類する「確証バイアス」と呼ばれる機能があります。この機能は自分がすでに持っている先入観や仮説を肯定するため、自分にとって都合のよい情報ばかりを集め、そうでない情報は軽視してしまうのです。

実際、確証バイアスのイメージが一度定着してしまうと、なかなか解消されないことがわかっています。

ですから、事実と異なるにもかかわらず自己流のフィルタリング機能で認識している情報が、自分にとっては事実だとやがて感じます。

（確証バイアス［confirmation bias］については、心理学や行動経済学、認知科学などの分野で広く研究されています）

執着心にとらわれ、悩んでいるのが当たり前の状態で長く過ごしていると、「執着している状況」がスタンダードになります。ですからそのほかの情報についてはスルーしながら、24時間365日を過ごしています。

例えば自分の美しさに執着している人は、検索する情報は美に関するものが中心となり、毎日の肌のコンディションに一喜一憂してしまいます。

このように、それほど自覚がないものでも執着が中心となり、それに沿った言動をとるシステムが私たちにはあるのです。

ですが、セッションを重ねるうちにこの負のシステムを解除できるスゴイ方法がわかりました。「執着を手放したくないホントの理由を見つける」と、高確率で執着が解除できてしまうのです。

執着の下に隠されたホントのモヤモヤの理由は何か――。

クライアントさんが執着していた事柄から解放された方法をご覧ください。

執着パターン「恋愛」

「恋人ができると頭の中は相手のことでいっぱい。仕事も友情も後回しになってしまう……」

そんな人はいませんか？　クライアントの清水薫さんはまさにそんな〝彼にガッツリ執着してしまうタイプ〟でした。

事例
6

自信がない
自分を直視
できなかった私

清水薫さん（仮名）の場合

薫さんは恋愛中、ほかのことは考えられなくなり、なんだか息をするのさえも苦しくなっていました。

パートナーへの執着心が、恋愛経験を重ねるたび強くなっていくのに危機感を持ち、セッションに来られました。

「彼とは職場が一緒であるため、彼がいると目で追ってしまう。彼が誰かを褒めたり、話しているのを目にするたびに何を話しているのか気になって仕方がない。ひょっとしたら話している相手が彼に好意を持っているのではないかと不安も出てくるので、その相手にも否定的な感情が出てしまい、周りが嫌いな人だらけに……」

そして、彼との関係もだんだん悪化。密かに、一番恐れていたことでした。

薫さんは彼との時間を幸せな満たされたものではなく、〝離れる（捨てられる）恐怖〟の時間にしてしまっていました。

職場の仲間と話している彼を見て、「仕事中の彼も素敵だな」と感じることもありました。でもそれ以上に「ほかの同僚を気に入るのでは？」「私の優先順位が下がるのでは？」など恐怖にかられるようなことを予想し、一人で勝手にシミュレーションばかりしていたので、息をするのも苦しくなっていたのです。

セッションを重ねるうち、薫さんの執着の理由は「自信がない自分を直視するのを避けるため」とわかりました。

ただでさえ自分に自信がなく、心細く過ごしているのに、一人になるのはたまらない。恋人に捨てられる大きな恐怖を初めての恋愛の頃から持っていました。だからこそ薫さんの脳内情報には「恋愛がうまくいかない＝人生が終わってしまう」くらいのダメージを負うイメージがあったのです。

こうした執着モードの薫さんの歪んだ思考には「相手を思っている時間＝相手に尽くしている」という間違った定義がありました。

つまり「片時も心を離さず相手を想っているのだから、相手をすごく大切にしている」「こんなに尽くしている人間は私しかいないのだから、彼は私をもっと大事にするべき」という考えになってしまっていたのです。

「大好きな彼との時間をこんなおかしなイメージに使っていたなんて！」

「メンドクサイ自分」に、自分でも嫌気がさしていた薫さんは猛省しました。

見たくなかった幼少期の思い込みとも向き合い、自分と向き合おうとすると妄想に逃げてしまうクセにも気づき、妄想が始まると別のことを考える、薫さんに合った切り替え方法も身につけました。

それまでは考えてもいなかった、仕事で活躍する自分や、目標をクリアしたら彼に報告したり、褒めてもらうなど薫さんにとってのご褒美を考えたり、自分で自分を喜ばせる自立型の思考を脳にインプットしていきました。

そうすると、モヤモヤがスッキリし、人格も明るく変化。薫さんはいつも追いかけるタイプの恋愛でしたが、初めてほかの人からもアプローチされたり、彼から焼きもちを焼かれるなどいろいろな経験ができるようになり、変化を実感されました。

俯瞰した視点を持てるようになった薫さんは、自分のことを次のように笑顔で振り返るまでに成長されました。

「彼に捨てられないようにと頑張っていた理由は、こんなに尽くしているんだから私を捨てないでという気持ちからくるものでした。いわれのない〝尽くしている〟でそこまで彼に愛のお返しを押し付けていたなんて……。自分勝手だったのが恥ずかしいです」

それまでは〝100％彼に合わせるライフスタイル〟を送っていた薫さんでしたが、現在では自分と彼のそれぞれの時間を大切にされ、仕事も友人との人間関係も良好です。

執着パターン「承認」

人に認めてもらいたいという執着が強すぎたあまりに自分をなくし、孤独になったクライアントの田端直子さんがいます。

事例
7

頼られることに執着していた私

田端直子さん（仮名）の場合

直子さんは、人の期待に応えたい思いが強く〝断ること〟が大の苦手でした。「せっかく自分を頼ってもらっているのに、断るなんてできない」と感じていたのです。

「やっぱり頼りになる」「さすが直子さん！」、そんな言葉をもらいたいと願いながら頑張っていた彼女が最後に手にした結果は、大きな孤独でした。

無理をしてまで人の期待に応えていた彼女は「誰とも会いたくない」「もうこれ以上何もしたくない」という精神状態にまで追い詰められ、不安障害と診断されました。

診断されるまでにバサバサと人間関係を切ってしまい、自分でもどうしていいかわからない状態でした。

人に喜んでもらえるのが自分の喜びでもある、人に頼ってもらえるのが嬉しい、とずっと思いこんでいた直子さんは、はじめは「不安障害の理由は忙しいくらいしか心当たりがありません」と言っていたのですが、心の中では常に人と関わる時は何か〝与えられる〟自分でいないといけない、頼られない自分なんて必要とされないのだから――と思っていたのです。

周りからは「誰からも好かれていて、人が大好きな人」と思われていた直子さんですが、自分自身が自分を好きではないし愛せていなかったのです。


直子さんのご両親はご自身たちでお店をされていました。

だから「家族がいつも忙しそう」「自分が助けるのは良いことだけど、自分が助けてもらう、手をかけさせるのは良くないこと」……。

こんな風に感じていたので、直子さんは小さな頃から「助けて欲しい」という言葉を出せないまま成長したのでした。

直子さんが人から認めてもらえることに執着していた理由、それは家族への思いからくるものだったのです。

家族からの頼まれごとを断ると、家族にひどいことをしている気がしてNOが言えなかったのです。大人になってからも誰かの頼みごとを断ると母親の辛そうな顔が頭に浮かび、大きな罪悪感が出てくることもわかりました。

昔からそんな風に思っていたけど今は違う。

この罪悪感は必要か、不要か。日々の暮らしで選択の練習をしながら、直子さんは初めて母親にNOを言えました。すると意外にも「あら、そう。じゃああの人に頼もうかしら」とアッサリ言われて悲しい思いになったそうです。

このことがあって直子さんは、家族からの頼みごとが嫌だったのではなく「私が頼られたいと思っていた」と自分の執着に気づきハッとしたそうです。

自分らしい断り方や、自分にとって気持ちのいい手伝い方など、いくつものスキルを身につけた直子さんは、今では家族とも、友人とも、職場の同僚たちともちょうどよい距離感で本当の人間関係を楽しんでおられます。

執着パターン「承認」「仕事」

「自分は、仕事が大好きで仕方がない」と思っていた、クライアントの中川小百合さんのお話です。

事例
8

「自分の価値＝仕事の成果」と思い込んでいた私

中川小百合さん（仮名）の場合

小百合さんは「仕事で成果を出したい」と思うあまり、同僚との人間関係がギクシャクしたり、体に不調をきたしたりしてしまいました。

仕事の成果は徹底的に管理しているのに、食事は簡単なもので済ませ、部屋は〝超汚部屋〟というセルフ・ネグレクト状態でした。つまり日常生活や自分のケアがおろそかになっていました。

そんな小百合さんの心を探っていくと、「仕事を楽しみたい」という前向きな動機がありませんでした。

「成果を出せない自分は輝けない」「そんな自分には価値がない」

そう思い込んでいたのです。

「仕事をしていないと自分の価値が減ってしまう」
「誰かに自分の価値を取られてしまう」

このように恐れながら過ごしているので、不安と焦りの感情が出ていました。そんなモヤモヤを消すために、サービス残業、仕事を自宅に持ち帰って人一倍仕事をこなしていたのです。空いている時間も自己啓発の勉強などをして、さらに休めない〝負のサイクル〟を拡大させていることにも、気づいていませんでした。

また皮肉なことに、成果にこだわるあまり同僚に自分の意見を押し付けて圧をかけていたので、職場では「めんどくさい人」認定をされていました。

「誰よりも一番仕事をしている、という自負があるのに会社から評価されていない」

そんな怒りも、モヤモヤの1つでした。

小百合さんが心身を壊してまで仕事に執着していた理由。

それは「自分の価値を認めさせたかったから」でした。

「自分の価値＝仕事の数字」と、仕事上の実績と自身の価値が、自分の中でセットになってしまっているのに、気づけていなかったのです。

「仕事ができない自分は価値がない」「存在を認めてもらえない」、そんな心の中の恐れを消すために、仕事で成果を出そうとしていたのです。

兄弟が多かった小百合さんは、弟の面倒をみるなど、何かをした時だけ両親が認めてくれた気がしていたそうです。そんな思い込みを持っていて「こんなに仕事を頑張っているんだから認めて欲しい」と悲鳴を上げながらも止まれずに、頑張り続けていたのです。


「人の価値と仕事の成果は別」という概念を身につける練習からスタートした小百合さん。仕事への間違った執着をなくし、本当の意味での仕事の楽しみ方を一緒に丁寧に探った結果、自分の強みを活かしながら実力を発揮できるようになり、不安や焦りなどのモヤモヤとした感情が格段に減りました。

仕事の数字が自分の価値と一緒になっていたので、手柄を取られたくない思いから周りに協力することも、お願いすることもしてこなかった小百合さんでしたが、チームとして動く楽しさや重要さを実感中です。

今では身を削りながら成果主義で仕事をしていた時よりも、パフォーマンスが上がっただけでなく、仕事も休日も楽しめるようになりました。

現在の小百合さんは〝超汚部屋〟も解消。引っ越しもされて、楽しそうな写真をSNSにアップされています。

執着パターン「ブランド」「お金」

嘘をついてまで「お金を持っている」とアピールをしたり、借金をしてまでブランド品を身に着けることがやめられなくなってしまったクライアント、橋本恵理さんのお話です。

事例
9

「自分なんて」と深く自己否定していた私

橋本恵理さん（仮名）の場合

恵理さんが自分で「今の私は普通じゃない」と気づいたのは、売ったはずのブランド品を買い戻しに行った時のことです。そこまで物に執着してしまったのには、やはり本人の心の中に、確固とした理由がありました。

恵理さんは「ブランド物を持てば持つほど、自分を好きになれる」という感覚がありました。

きっかけは、ブランド物のバッグを持っていたある人を、周りが「すごい！」「かわいい！」と褒めるのを見たこと。自分のバッグをふと見ると、自分自身がひどくつまらない人間のような気がしたからです。

恵理さんはその人よりも目立つように「自分には少し派手だな」と思うデザインのものを購入しました。店員さんの言葉も背中を押してくれました。そして会社に持っていったところ、期待通り周囲に「それ○○のバッグだよね！」と反応してもらえたのです。

嬉しくなった恵理さんは、同ブランドのお財布も購入。周囲には「バッグと財布、おそろいで持っている」と報告したりもしました。

その後も、そのブランドのものをよく購入し続けたので、店員さんはより親切にしてくれるように。このように物を所有することを通じて「人から気にしてもらえる快感」を感じ始めたのが、恵理さんの執着の始まりでした。


「ブランド物を持っている自分は、お金持ちだと思ってもらえる」

「なんだかすごい人だと思ってもらえる」


頭ではお金持ちになったかのように錯覚し、自分が認められている気がしていた恵理さん。ですが実際は、ブランド物を持っていない時よりも、借金が増えて貧乏になってしまいました。

バイトで夜の仕事まで始めましたが、夜の世界はさらに華やか。会社員とはくらべものにならないほど、ブランド物のバッグを持っている人がたくさんいます。しまいに恵理さんは、自分が持っていないものを持っている人を見るだけで、心がモヤモヤするようになってしまいました。

モヤモヤしては買う、モヤモヤしては買うを繰り返し、自宅にブランド物がどんどん増えていきました。しかしそれと反比例するように心の熱量が減り、〝飢えていくような感覚〟に気づき、怖くなってしまったのです。

恵理さんの執着は「誰も自分を気にも留めてはくれない」「自分なんて誰からも求められていないし、いなくてもいい存在なんだ」という深い自己否定から来ていました。

自分を認める方法を知らなかったので、ブランド物を持ち、お店でお金を使って大事にしてもらえる「客」になることで、自分を〝認めてもらえる経験〟を買っていたのでした。

「人ってこういうところを認められると、持ち物を褒められるよりも嬉しいんだ」

商品をよく買ってくれるお客さんとして認められたり、高価な持ち物を利用して自分を認めてもらう方法を手放し、自分に合った自分の認め方、人を認める方法を身につけた恵理さんは、次のように冷静に分析していました。

「ブランドのバッグを買うことで前よりも自分を好きになれた気がしていましたが、そう思えるのは2、3日だともわかっていました。自分を好きになれたのが幻想だと認めたくない自分がいたのも薄々気づいていたことです」

恵理さんがたくさんブランド物を集めても幸せになれなかったのは、物を買えば買うほど、ネガティブな思い込みの確認作業をしていたからです。

要は「無意識の自分と戦っていた」のです。

それは言い換えると〝持ち続けている未処理の感情〟と向き合うこと。だからしんどくて、苦しくて、モヤモヤするわけです。

具体的には、次のような状態の確認作業です。

- やっぱり物がないと、誰も自分に興味を持ってくれないんだ
- やっぱりブランド品がないと、私には注意を払ってくれないんだ
- やっぱり私はお金を使わないと、誰かに必要とされないんだ

本当にブランド物が好きな人は「私にはやっぱりこれが似合う！」「誰がなんと言おうとこれがいい！　かわいい！」などと本当に欲しいものを手にする喜びとともに気持ちよく購入し、買ったものと関わり、持っている間も幸せな気持ちでいっぱいになるはずです。

恵理さんにこのような状態を説明すると「そういった人は見たことがないから、そんな生き方を知らなかった」と言われました。

彼女の中で、ブランド物は「純粋に好きなもの」ではなく、人の気を引くための道具だったのです。

現在の恵理さんは、「執着」を捨て、自分で自分を認める方法を身につけたことで、物を買ったり、最新のブランド品を持っていなくても毎日を穏やかに過ごせるようになりました。

周りからも、「すごく楽しそう、雰囲気変わったね」と言われてしみじみ変化を実感されているそうです。

たくさんあったローンもなくなり、こう言われるほどに成長されました。

「惨めな焦りの気持ちで最新のブランド品をチェックしたり、買い物に行っていた過去の自分に『すごく頑張ってたんだね、もう大丈夫だよ』と声をかけてあげたいです」

執着パターン「子ども」

わが子がかわいくて、つい手を焼きすぎてしまう。結果、お子さんにも問題が出てきてしまった。そんな問題に悩んでいたクライアント、古田陽子さんのお話をご紹介します。

事例
10

夫に「さみしい」と言えなかった私

古田陽子さん（仮名）の場合

子ども中心の生活になり過ぎて家族仲がぎくしゃくしているクライアントの陽子さんは一見、子どもを思いやる優しい母親のように見えます。

ですが、ご自分の執着を見つめていくと、心の中には自分でも認めたくない、ドロドロとした思いがありました。

「私は母親なのだから常に私がそばにいて一番の理解者でありたい」

「自分の近くでいつでもコントロールしておきたい」

そんな偏った関わり方になっていたのです。

陽子さんの執着の理由は、お子さんではなく実はご主人にありました。

結婚して他県に引っ越した陽子さんは孤独を感じていました。

友人とも離れ、趣味もなく、常に一緒にいてくれて自分を頼ってくれる、安心できる存在が子どもでした。ご主人にはそうした気持ちを伝えられず、子どもが自分を必要としてくれる唯一の存在になってしまったのです。

一生懸命に世話を焼くのも、他の人にとられたくないから。自分よりも自分以外の人を好きになって欲しくないから。そんな思いをかけられたお子さんとは、簡単な物事も自分で決められない、共依存のような関係になっていました。

「子どもに幸せになってもらいたい」

そんな思いとは反対に、〝私がいないと生きていけない存在〟にしようとしていたのです。

子どもが大切と言いながら、一番大切にしたいのは自分の寂しさを埋めること。

「子どものために愛情もお金も時間もたくさん使ってきたつもりだったのですが、結局自分のためだったんですね」

深く納得された陽子さんは、夫婦の関係を改めるところからスタートされました。

「お互いに気持ちを口に出していなかった」という陽子さん。その後、お互いを思い合える夫婦関係を築き、家庭をより幸せなものへと導かれました。

執着は「種」のうちになくすのがベスト

クライアントの皆さんの執着から卒業されたエピソードはいかがだったでしょうか。このように、自分が執着している理由を紐解くと、心の中で本当にとらわれているものが見えてきます。

皆さんの事例から執着を知ること・使うことの最大のメリットに気づかれたでしょうか？

最大のメリット、それは**自分が本当に避けたいものから目をそらせること**です。それだけではありません。都合よく自分を正当化できるため、**深く傷つかずに済む**というメリットも得られます。

しかし、**これらのメリットは、実は諸刃の剣**です。「自分が本当に避けたいもの」から目をそらし続け、ずっと傷つかずに過ごし続けていたらいつまで経っても「本当に大切にしたいもの」に気づけません。

ですから、避けてきたものを認め、「恐れる必要はない」「他の方法もあるよ」「あなたが本当に大切にしたいのはこれだよ」と自分に気づかせて、執着を手放したほうが「本当の自分」に近づきやすくなります。


実際、私のクライアントさんたちは自分の「執着の理由」を明らかにした後、すべてのものは自分のものではないという「非我」の視点で執着しているものの解釈を整え、自分を取り戻されました。


「私にはそこまでの執着はないから大丈夫」

そう思った人もいるかもしれません。ですが、これまでご紹介した皆さんも、最初からこんなに強い執着心を持っていたわけではないのです。

自分の中の小さなモヤモヤを見る習慣がなくて放置し続けていたら、いつのまにか執着にとらわれ、生き辛くなっていたというパターンがほとんどです。

「期待通りでないと怒りが出るな」「へこんだ気持ちが長引くな」

このように小さな執着の種の段階で丁寧に自分の気持ちを確認すると、よりスッキリした自分で過ごせます。

パートナーも子どももお金も、人が考えることも、私のものではない。自分のものではないものにしがみついていると、どれだけ正当化してみても周りに負担や我慢を強いてしまいます。

ポイントは「本当の原因を見つける」＋「非我の視点で見られる俯瞰力を身につける」こと。俯瞰力があれば、本当に大切にしたいものがわかり、あなたが執着につかまることもないでしょう。

「執着」は本心からの大切なメッセージでもある

ここまでご紹介したクライアントさんたちのエピソードのように、モヤモヤを抱えた人ほど人生は大きく好転します。

しかも、嫌だと感じているモヤモヤした自分の気持ちの中には使えるツールがあり、今までの人生、数十年間フル活用され続けている逃避グセまでも一緒に修正できてしまうのですから、ぜひ活用してください。

その画期的なツールの中でも「執着心」ほど使いやすい感情はありません。

すでにご紹介した通り、執着の対象は、パートナー、友人、仕事やステータス、過去の栄光や失敗など人それぞれです。

中にはこれらの組み合わせが掛け算となって強烈な執着心となって人生を支配する場合もあります。

このような強烈な執着心に人生をコントロールされていたにもかかわらず、執着心を手放して自分を大好きになれた方がいます。

クライアントの山城亜希子さんの事例をお伝えしましょう。

事例
11

「すべてを手にした人」と見られたかった私

山城亜希子さん（仮名）の場合

亜希子さんは、過去に3年以上もストーカーをしていた経験の持ち主です。
運命の人だと思っていた男性に、「好きな人ができた」と一方的に別れを告げられたのですが、なかなか思いをふっきれませんでした。

3年前に別れたにもかかわらず「ハイクラスな元彼とつながっている」と思われたくて周りの友人たちには別れたことを隠し続けたり、仕事帰りに彼の自宅マンションの前まで行ったり、「今彼女が来ているか」を確認して怒ったり涙したり。はたまた、よりを戻したくて占いや復縁神社に頼ったり……。

やがては相手を傷つけたい衝動まで出てきてしまい、藁《わら》にもすがる思いでセッションに来られました。

亜希子さんは「彼とよりを戻して幸せになりたい、自分の本心はただそれだけだ」と信じていました。

しかし心の中では次のように思っていたのです。

- 彼のパートナーと思われる、すごいと思える自分が好き
- すごい彼から認められる感じがたまらない

つまり、亜希子さんの中には**「『自分には価値がある』と思えていた過去に戻りたい」**。そんな本心（執着）が隠れていたのです。

まさに「パートナー×過去の栄光×ステータス×他人からの評価」という**掛け合わされた強烈な執着心**に苦しんでいたのですが、彼女はそこから抜け出す方法を知らなかっただけなのです。

「私は彼を使って価値を高めようとしているだけ。だから、彼を好きと言いながら、彼自身の幸せを大事にすることができていない」

これまでそうした不都合な本心を避けていた自分や現実に気づいていくにつれ、亜希子さんの思考は新しい方向へと変わり始めました。

彼のためにと思ってやっていたことも、無意識では結婚して欲しくて無理

をしてまで尽くしていたこと。本当は嫌なところもあったのに「ハイレベルな人だから」と見ないようにしていたこと……。

亜希子さんの執着は彼ではなく、亜希子さんが自分の素晴らしさを見出せていない生き方から出てきたものでした。

亜希子さんは「素敵な人から選ばれる自分」に強く反応していました。

過去の彼女は「素敵な人の条件＝周りから羨ましがられる項目がどれだけ多いか」が優先されていましたが、本心がパートナーに本当に望む条件は、誰に対しても分け隔てなく優しい人でした。

しかし、そんな相手に望んでいる条件とは裏腹に、亜希子さん自身が相手次第で態度を変えているのに、気づいていなかったのです。

そのことに気づいた彼女は人間関係も変わり、〝なんでも手にしている自分を周りに見せる〟という執着心を手放してからは、趣味なども楽しめるようになりました。今は元彼以上に素晴らしい条件を備えた優しいパートナーと一緒に、**スッキリさわやかな自分**で、穏やかに生きているそうです。

また亜希子さんは、自分の本来の長所にも気づけるようになりました。
「見返りや評価を求めず、純粋な気持ちで周りに貢献するのが本当は好き」
自分のそんな利他的な姿勢を肯定的に捉え始めた亜希子さんは、誰にでも分け隔てなく、より優しくできるようにもなりました。

「これまでは社会貢献している自分も他人に見せるためになっていた気がします。本当の自分は、『評価や見返りを気にせず貢献すること』が好きだったはず。なのに『自分には価値がある』と思いたくて、人から評価されることに執着を持ってしまった。でも『なんでも手にしている自分を周りに見せたい』という執着心を手放してから、純粋に社会貢献をできるようになれた。『評価されなくていい』と思えるようになったおかげで、自分自身もうんとラクになれた。執着に気づけないって怖いですね」

これが**執着心を手放して自分を大好きになれた、**典型的な成功例です。

「自分を理解する」と人間関係は解決できる

この「自分を大好きになれた」という事例は、実はすごいことです。そもそも「自分を大好きになる」前に「自分を知らない人」が大半です。

また「あらゆる苦しみは『自分を知らないこと』に起因する」、そう形容しても言いすぎではないでしょう。

たとえばアドラー心理学によると「悩みは人間関係が9割」とされています。ですが、今まで7500人以上の方々のお悩みと接してきて、私は違う意見を持っています。

〝ほぼすべて〟の悩みの根源は「自分を知らないこと」にある。

そう思えてならないのです。

実際「自分を知らない人ほど、自分を避けている（自分の本心を理解することを避けている）」という構図が数多く見受けられます。

たくさんの方の悩みを聞いていると感じるのですが、本当の意味の自己理解や自己肯定を間違った理解で捉えている人がとても多いのです。

例えば、「自分を知るための定義を説明してください」と聞くと、「ダメな自分もまるごと認める」という答えが返ってきます。

この解釈だと「自分をまるごと認める」ことなど、不可能です。

なぜなら、そもそも最初から〝ダメな自分〟と〝良い自分〟を分けて考えているから。つまり、**〝ダメな自分〟と〝良い自分〟と、自分を分けて捉えている時点で、自分に対して善悪のジャッジ（判断）が入っています。**

そして「ダメな自分」への抵抗や反発があったり、「ダメな自分も認めなくちゃ」と大変な作業を自分に強いるため、違和感やひっかかりが出るばかり。うまくいくわけがないのです。

また「丸ごと認めたいのに認められないな」「うまくいかないな」という気持ちは、現実の世界でも正確に反映されてしまいます。

人と関わる際に思い通りでない反応をされると、心の中の〝ダメな自分〟に、その原因を押し付けてしまうのです。

「こんなに不快な反応をされたのは、相手が悪いんじゃない。やっぱり私がダメなんだ」

このように自分を責める方向に考え、**「ダメな自分」というイメージをより強めてしまう**のです。

そうなると「やっぱり良い自分だけを見せておかなければ」「ダメな自分は絶対に隠さなければ」と余計に取り繕いながら過ごすことに。まるで沼のような「スッキリしないループ」にどんどんハマっていくことになります。

私たちは誰でも大なり小なり、このような思考パターンを持つ経験をしています。例えば赤ちゃんの時は、自分の言った（泣いた）通りに大人が無条件に動き、世話をしてくれます。

ですが大きくなると、今までは優しくお世話してくれていた周りの人たちが「それくらい自分でやりなさい」「泣いてばかりじゃダメだよ」なんて成長のために必要な接し方をするようになります。

すると偏った思考パターンが、だんだんと定着してしまいがちです。

「相手が思い通りに動いてくれないなんて、もしかして私の存在は受け入れてもらえていないのでは？」

その結果、自分で結論づけた次のような事実を持ちながら過ごします。

- 優しくしてもらえなかったから拒否された
- 頑張っていないと愛してもらえない
- 何かで成果を出さないと認めてもらえない

しかし本当は、このように結論づけるのではなく、周囲の変化を受け入れ、気持ちの伝え方を習得するなどして「より楽しく過ごせるチカラ」をつけられたら理想的です。

あなたが執着しているものが何かわかる「質問」

先述した通り、執着心を持っていると生き辛いのは、人や物にしがみついているからこそ。自分以外に意識が向きすぎてしまい、自分らしさが失われていく感覚があるからです。

自分がなおざりにされている恐れを見ずに、さらに対象に執着する負のスパイラルにはまっています。そして多くの人がその事実に気づけていません。

「何を失いたくないのか？」を見ていくと、〝自分を見失っている〟本心からのメッセージに気づけます。自分が無意識に何に執着しているのかわからないという方は、次の質問から確認してみてください。

出てきた答えからあなたは何に執着しているのか探してみましょう。

あなたの執着が何かわかる質問

- 日常生活で繰り返し考えていることはありますか？
- 手放すのが難しいと感じるものはなんですか？
- あなたが嫉妬するものはなんですか？
- 過去の失敗で未《いま》だに引きずっているものはなんですか？
- 物質的なものでどうしても欲しいものはありますか？
- 今、一番達成したい目標はなんですか？

そもそも私たちは、どうでもいいものに対しては執着心が発生しません。どうでもいいものには反応すらしないのです。

例を挙げると、知人が長年宇宙に行きたいという夢を持っていました。その人は民間人が宇宙に行ったニュースを見た時に、猛烈に悔しがっていました。

それだけでなく「絶対行くんだ！」とさらに思いを強くして貯金を始め、短期間で「過去最高の貯金額になった」と言っていたので、執着心はある意味すごいパワーを持っているものだと感心したものです。

私のように「宇宙に無関心な人間」は宇宙についてはまったく反応しないので、宇宙のために1円たりとも貯金することはありません。

一見マイナスに見える執着心ですが、実はこのようにあなたが本当に欲しいものを見つけ、素晴らしいヒントをくれる感情でもあるのです。

執着と本心の違いをチェックする方法

「本心（あきらめない強い思い）」と「執着」には明確な違いがあります。

それは「自分が楽しいのか・楽しくないのか」です。

気持ちのベースが前向きなチャレンジと、余裕がなくしがみついている状態とではまったく別の結果になり、周りに与える感情も正反対です。

あなたの思いは本心か執着かを次の項目で確認してみてください。

執着と本心の違いチェック【具体例】

お金

執着：お金を手にしている時だけ幸せを感じる

本心：お金を稼ぐ過程も含めて楽しい
　稼いだ後に何をしたいのかがハッキリしている

モテたい

執着：モテているかどうか常に気になる
　誰かとくらべて優劣が気になる

本心：モテるのがシンプルに楽しくて心地が良い
　モテていなくても機嫌は変わらない

やりたいこと

執着：思い通りにならないと感情が乱される
　自分のやっていることをアピールしてしまう
本心：失敗や意図と違う結果が出てもすぐに気持ちを切り替えながら、自分がやりたい道を進めているので道半ばという解釈で受け止められる
　他人が何を言っても歩みを止めない

SNSなど

執着：「いいね」「グッドボタン」など高評価の数やコメントに振り回される
　批判的な意見にマイナス感情が出る
本心：投稿を気持ちよく楽しんでいて、その結果反応があるとシンプルに嬉しいと感じられる
　反応があってもなくても〝どちらでもいい〟と捉えられる

ご自身にあてはめてみて、いかがでしたでしょうか。

スッキリへの道は、自分が執着している対象を把握することから始まります。最初は難しく感じるかもしれませんが、あせらずゆっくりと冷静に、「執着」と「本心」の違いを見極めてください。

11．劣等感はめっちゃ使えるマイナス感情

劣等感がある人は自分を特別な存在だと思える方です。

もし、そう思えるのなら素晴らしいと思いませんか？

ここでひとつ注意が必要なのが、劣等感をプラスに使えるといいのですが、使い方がズレてしまうと生き辛くなってしまうということ。

劣等感はめちゃめちゃ役立つマイナス感情です。

この章であなたらしい使い方をぜひマスターしてくださいね！

劣等感を持つ原因はシンプル。「人とくらべてしまうから」です。

くらべるものがあって、自分の望みよりも下だと感じるから劣っていると感じる。だから自分に期待していない人には、劣等感は発生しないのです。劣等感には必ずくらべる対象が必要。そして、くらべる対象にフォーカスするため、「執着」の感情も一緒についてきます。

例えば「自分よりBさんのほうが仕事ができる」と思うと、自分への劣等感に「Bさんの仕事や評価はどうなのだろう」と気にする思いがプラスされる、という風に、知らないうちに執着モードが動き出してしまうのです。

劣等感の対象は「容姿」「学歴」「仕事のポジションや年収」「パートナーの収入」「子供の成績」など人それぞれで、例を挙げればキリがありません。

ここでは、ママ友づきあいからくる劣等感に苦しんでいたクライアント、水野沙織さんの例を見ていきましょう。

事例

12

「ママ友への劣等感」にさいなまれていた私

水野沙織さん（仮名）の場合

クライアントの沙織さんは、好きになれないママ友のCさんがいて、なぜか彼女の粗探しをしてしまいます。

〝欠点を見つけて文句を言うと、自分のほうが上だと思える〟という歪んだ優越感がありました。

優越感が欲しかった理由は、もちろん劣等感を隠すため。

沙織さんがママ友Cさんに持っていた劣等感は、自分と同じ業種で働いているのに、自分より小ぎれいかつ余裕がある笑顔で素敵だなと感じていたところでした。ご主人が家事に協力的で羨ましいところもありました。

ここまで読んでいただいたあなたはもうおわかりですね？

劣等感は、自分の隠している望みを拾いやすい感情なのです。

それから劣等感の面白いところは、自分の手が届きそうな人としかくらべないところ。例えば、沙織さんは家事に協力的な夫を持つ女優さんや、大企業のCEOの粗探しはしません。

❶ **無意識に隠している自分の本当の望みを拾う**
❷ **手の届きそうな人とくらべる**

劣等感が持つこの2つの特性をうまく使えば、あなたの未来を効率よく輝かせることができます。

沙織さんの場合、確認できたママ友の羨ましいポイントは、次の3つです。

- 小ぎれいにしている
- 経済的、時間的、精神的に、余裕がありそうに見える
- ご主人が家事に協力的

「Cさんが羨ましい」という自分の思いを認めた沙織さんは、自然と思い立ってCさん本人にアドバイスをもらいに行きました。

するとCさんは、めんどくさがりだから、自分のために簡単な作業で小ぎれいに見えるように髪型やメイクを工夫していること。ちっとも余裕はなく

て、いつも忙《せわ》しなく頑張っていること。ご主人に感謝の気持ちをいつも伝えて、〝うまく動かしている〟ことなど、ことこまかに教えてくれました。

Cさんにたいして自分が勘違いしていた部分を見つけられ、さらに知りたい情報も教えてもらえたのです。

「私は工夫をしようとせずに、夫にも不満ばかりで、Cさんのようになりたくてもなれないのは当たり前でした」

と素晴らしい気づきを得た沙織さんは、今ではCさんを尊敬する人として見ているそうです。

沙織さんの劣等感は、表面上のものだけでなく、Cさんが持っている自分や家族への優しい思いやりの気持ちに対するものでもあったのです。

劣等感をなくす＋有効に使うには

次のような毎日を送れると、自分にも人にも優しくなれるので、劣等感もおのずと消えてくれます。

劣等感をなくす＋有効に使うには

- 自分は○○が苦手、「全部はできない」と認める
- できるところは効率よく動いて感謝の気持ちを忘れない

そして、劣等感が持つ特徴である❷の「手の届きそうな人とくらべる」特性を活用して、自分がくらべている相手のレベルを一気に引き上げると新し

い視点がインストールされます。

先に挙げた〝余裕がある人とくらべて劣等感を感じる〟の部分でいえば、近しいママ友ではなく、好きな芸能人、憧れのクリエイター、物語の登場人物など、くらべる相手を簡単に手の届かない世界の人にするのです。

この考え方を定着させると、近くの人へのマイナスな感情・意識も軽減されますし、自分も成長できます。自分の未来像がレベルアップするなど、いいことばかりです。

さらにいうと、劣等感は今の生きづらさを整えるのに必要なだけではありません。「もっと輝くには何をすればいいのか」もわかります。

「こうなりたいけどなれない……自分には無理だ」と勝手に自分が決めつけている情報があるとします。しかし、事実はそうとは限りません。

ですから、

- 具体的に自分が劣等感を感じているものは何なのか
- どこの部分が一番羨ましいのか
- 行動に移すのに何を難しく感じているのか

など、自分の思い込みの情報集めのために劣等感を使ってしまえば、気づけて良かったものばかりになります。

劣等感を使いたいとき。オススメのスタートポイントは、劣等感が出てきたら「羨ましいものは何か」と具体的なポイントを見つけにいくことです。改めて確認していくと、実はたいして羨ましくもないものも入っていたりもします。劣等感はこのように自分の本心が伝えたい思いや、未来の情報の宝庫です。私やクライアントさんにとってはもはやマイナス感情扱いにもならないほど有益な感情です。使いこなせるように、練習していきましょう。

Ⅲ．依存は孤独にしかならない

前にもお伝えしたように「非我」の視点で解放される〝生きづらさ〟（＝モヤモヤ）には次の3つがあります。

「Ⅰ．執着」「Ⅱ．劣等感」「Ⅲ．依存」。

ここでは「Ⅲ．依存」に関連する事例をご紹介します。

依存が深刻化するとどうなるのでしょうか。

膨大な時間やエネルギー、お金や周りの人の信用などを失うだけに留まりません。もっと恐ろしい現実が待っています。

「ちょっとだけ話を聞いて欲しい」「アドバイスをもらいたい……」

そんな軽い気持ちから占いを利用した結果、20年も「自分迷子」になった人がいます。クライアントの古沢智子さんです。

事例
13

自信のなさから目を背け占いに依存していた私

古沢智子さん（仮名）の場合

「占いの電話なら、いつでも話せる」「電話先に、なんでも受け止め、私を理解してくれる人がいる」。

智子さんは、そう心地よく感じたことから占いに〝ハマり〟ました。そして恋人や友達より、電話先の占い師さんのほうが大切になってしまいました。

智子さんの事例から教えられたのは「劣等感と執着を持った人は、やがて**「依存」**[※注2]のループに入り込んでいくこともある」という事実です。

人は「逃げ場がない」と思い込みすぎてしまった時、辛いことを忘れさせたり、安心させてくれたりするもの（飲食や薬、人など）を見つけると、そこから快感を得ることに〝ハマって〟しまい、欲しがり続けるようになってしまいます。それが「依存」です。

例えばパートナーに執着している人は、自分は愛される自信が持てないという劣等感があり、SNSをチェックしたり、行動を見張ったりします。

「そんなことは良くないとわかってはいる。だけど何もしないのは不安でしょうがない。とても自分だけではこの辛い時間を乗り切れない」

そう思うと、誰かに助けを求めたくなるのは当たり前ですよね。

そんな時に、安心できる方法を見つけると、そこで**ドーパミン**※注3（期待物質）が出ます。その快感にハマってしまい、やめたくてもやめられない、コントロールできないほどになってしまうのです。

ドーパミンは欲しいものを手に入れたと感じた時、報酬を得たと解釈した際に出てきてくれます。そのため「もっと、もっと」と私たちをコントロールできないくらいに動かしてしまうチカラを持っているので悪魔のホルモンとも呼ばれているのです。

一方、恋愛モードで相手に愛されていると感じると、人とつながっている安心を感じ、オキシトシンも出ますから、安心と快感がセットになり、より強力に感じてしまいます。

私たちの脳は情報処理の容量に限りがあり、すべての情報を平等に取り扱うことができません。そこで主張したいことに沿った情報だけを集めて信じてしまう**チェリー・ピッキング**（自分が主張したいことに都合のよい証拠ばかりを集め、反証となる事実を無視する状態）に陥ってしまうのです。

私たちは「愛されない」「自信がない」と感じている時に、そんな自分を認めたくない思いがあります。不安を感じている自分を一瞬薄めてごまかしてくれるのが、ドーパミンから得られる期待感や報酬感です。

ですが、ドーパミンの効果は一過性で永続的ではありません。

そのうえ、不安や自信のなさはそのまま残っていますから、不足感をごまかすためにさらに依存状態が手放せない状態になるのです。

このような依存モードにハマってしまっている人は、依存で得られるメリットと依存を利用している自分自身の両方を見つめる必要があります。

占いに依存していた智子さんの依存メリットは「自分で決めなくてもいい＝決断を避けられる」ということでした。

「占い師さんがこういったからこれにしよう」
「占い師さんが言ったんだから大丈夫」
「占い師さんが言った通りにしたのに、うまくいかなかったから私の責任ではない」

そして「自分で決めるより、占い師さんの決断のほうが安心だし、価値がある」という考え方になっていくのです。

自信のなさから目を背けて、だんだん人生をまるごと他人に委ねている状態になった自分に、智子さんは気づいていませんでした。

後で復縁したお友達に聞いたところ「会話が占い師さんのことばかり」「自分の意見がない人」「これは智子さんとはいえない」……。

そう感じて距離を置いた、と教えてくれたそうです。

セッションに来られた智子さんは、「自分のことがわからない」と言われていました。たしかに「自分が今日食べたいもの」「自分は何色が好きなのか」ということすら答えられなくなっていました。

「私は〇〇が好き」という簡単な主張すらできなくなっていたのです。

一方、占い師さんから聞いた言葉（「ラッキーカラーが……」「今日相性がいいのは……」など）は、口からスラスラと出てきました。


智子さんのように自分で選択を避け続けると、誰か代わりに決めてくれる人が必要になります。そして、自分では選択できないから「他人に丸投げ状態」になり、依存モードになり、そこから抜け出すのに苦労します。

「自分の選択は最高」だと思えれば、本質的な安心と穏やかさを感じながら毎日を過ごせるのに、もったいないですよね。


そして一番大切なのは「ちょっとだけ話を聞いて欲しい」「アドバイスをもらいたい」、そんな軽い気持ちで占い師に電話をしただけ、と思っていた智子さんですが、その時すでに「追い詰められた自分だった」ということです。

だからこそ占い師に依存してしまうほどに離れられなくなったのです。

私たちが依存をするのには必ず理由があり、何年も自分を抑えながら過ごしていた結果でもあるのだと、知っておいてあげましょう。

依存から抜け出すには

依存から抜け出すには、ブッダが教えてくれた「無明」の考え方（苦の原因を知ろうとしないから、悩みと苦しみが生じる）が助けとなります。

「無明」の視点は依存だけでなくモヤモヤ全部にも適用できます。

原始仏典の中でも最古とされる『スッタニパータ』（『ブッダのことば』）には、次のように記されています。

『およそ苦しみが生ずるのは、すべて識別作用に縁って起こるのである。識別作用が消滅するならば、もはや苦しみが生起することは有りえない』
『およそ苦しみが生ずるのは、すべて妄執に縁って起こるものである』

（『ブッダのことば　スッタニパータ』中村元訳　より）

つまり「どんな苦しみが生ずるのでも、すべて無明に縁《よ》って起こるのである」と書かれています。この考え方を具体的にモヤモヤな悩みの解決にどのように適応させればいいのか。

次の項目からその抜け出し方を見ていきます。

「どうにもならないこと」を突き止められる質問とは？

では、「今の自分のモヤモヤの理由」を発見できる質問を知っていますか？

この質問が優れているのは（自分の力や努力次第で）「どうにかできること」と「どうにもならないこと」の二つに分類できる点です。

たいていの人は、この二つが心の中で一緒くたになっているため、「どうにもならないこと」についてもモヤモヤし続け、消耗してしまうのです。

ですから**「どうにかできること」は頑張る、「どうにもならないこと」はそっと手放す。**なかなか難しいことだとは思いますが、「本当の自分」をいち早く取り戻し、幸せに生きたい場合は、そんな冷静な態度が正解なのです。

実際、ブッダも「苦」の原因の中には、「どうにもならないことをどうにかしようとすること」がある、と指摘しています。

どうにもならないことをどうにかしようとしても、期待通りになりません。だから、うまくいかなくて苦しみが発生するのです。

このような、苦しみが発生する思考状態から誰でもモヤモヤを解決できるようになる方法があります。それが先ほどお伝えした**〝「どうにもならないこと」を突き止められる質問〟**です。

「非我」の視点を取り入れながら質問をしていくと、押し付けやただのノウハウ的な手法ではなく、あなた自身と対話をしながらモヤモヤが自己理解の道へと変化してくれます。

まずは、悩みそのものに対してどうしてその悩みが必要なのかを問いかけます。

例えば「美しくなりたい」という、よくあるお悩みで見てみましょう。

「〝どうして〟を問いかけるワーク」の例

Qどうして美しくなりたいのか？

⬇「美しい自分で前向きに人生を楽しみたいから」

Qどうして今は前向きになれないのか？

⬇「美しくないからうまくいかないことが多いと感じる」

Qどうなったら美しいと思うのか？

⬇「周りからちやほやされたり、綺麗だと思われたら」

このように「どうしてそう思うのか？」「どうなったらそう思えるのか？」を自分に問いかけていきます。

このやりとりから見えてくる思い込みでは、今の自分では人生を楽しめないと信じ込んでいる、そして自分は美しくないと決めつけている自分が見えてきます。ここまで出てきた考え方を、自分目線の視点で組み直すと——

- 人から「綺麗」と言われたら綺麗だと思える
- 人からの評価で自分の価値を高めようとしている

つまり、他人が○○してくれたら綺麗だ。人生を楽しめる。と判断しようとしている自分の思考パターンが見えてきます。

「非我」の教えは〝どうにもならないことをどうにかしようとする〟(のはムダなこと)です。では、他人の考えはどうでしょう?

私たちにはどうしようもできないので、「どうにもならないこと」ですね。にもかかわらず「美しく磨きをかけている私を綺麗だと思って欲しい」「美しさを評価して欲しい」というように周りに自分の期待を押しつけようとしている自分が見えてきます。

自分の期待を押しつける行為は他人をコントロールしようとしている状態。

こういった関わり方をすると人間関係に軋轢《あつれき》が生まれます。

綺麗と褒めないと機嫌が悪くなる人、そんな人にあなたは本当になりたいのでしょうか？

「自分の顔が好き、他人が何を言おうが私の機嫌は自分でとる」

このような生き方をしている人が、スッキリ過ごしながら幸せを感じられる人です。どうにもならないものをどうにかしようとすると、モヤモヤした悩みと軋轢が出てくる。これはシンプルな法則であり、事実です。


他人が何を言おうが、自分の機嫌は自分でとることです。

また美しいかどうかを自分の基準で決めることも大切です。

本当に今の悩みが必要なのか「どうして○○が欲しいのか」を自分に問いかけてあげると本心に沿った答えを自分で見つけられます。

次に本心に沿った望みかどうかをチェックする方法をお伝えします。

本当の自分の気持ちチェック法

何か「やりたいこと」があるとき。自分に次のように問いかけてみてください。それが本心に沿った望みかどうかがわかります。

「本当の自分の気持ち」チェック法

❶誰かに反対されても、困難が出てきても、やめたくない・あきらめない
そして「やりたい理由」をシンプルに言い切れる
❷長々とした説明が必要ではなく、「ただそうしたいから」と思える

やりたい理由が「○○が嫌だから変えたい」というネガティブにフォーカスした文章ではなく、「もっとこうしたい」「○○を楽しみたい」とポジティ

ブな言い方になっていること。

❶❷にある「やりたいことの理由」がスッキリした感情で確認できること。

それなら、本心に沿った望みです。

本心であれば、自分のアイディアが次々と出てきますし、調べなくても、人に聞かなくても、「もっとこうしたい！」「こんなことも試してみたい！」というようなイメージがどんどん湧いてきます。

「あの人がこうしているから」とか「人気が出そうだから」ではなく、「これを形にしたい！」「○○を使っている人が喜んでいる！」というような、実現後のイメージもセットになっていたりします。

とにかく楽しみながら途中の作業や面倒な作業も取り組んでいること、納得感がある状態で行動できている（違和感がない）ことが重要です。

ポイント　「行動できていない」「感情がスッキリしていない」などがあると本心からズレている（本心ではない）と判断してよいでしょう。

「事実確認」のチカラをつけると悩みから解放される

あなたの毎日が、幻想の中の出来事だとしたらどう思いますか？

辛い思いに耐えていることが、幻想のためだったとしたら「何をしているんだろう」と感じることでしょう。

思い込みに縛られているのは「幻想の中でもがき続けている」のと一緒。努力が報われません。そんな状態で人生までもあきらめようとしていたクライアントの朝倉真理子さんがおられます。

事例
14

無意識に
自分を否定し
他人を遠ざけていた私

朝倉真理子さん（仮名）の場合

真理子さんは人の顔色が気になって仕方がありませんでした。

家族や会社の人に叱られたり、注意されるたびに身が縮む思いで過ごし続けていたのです。なるべく人とは関わりたくない真理子さんは、友人と呼べる人もおらず、「とにかく一人がいい、自分の寿命を誰かにあげて私はさっさと今世は終わりにしたい」と言われていました。真理子さんは「自分は誰かの役になど立てない」と思っていました。

ですから、仕事のミスや、相手の機嫌が悪くて叱られたりした場合も、「あなたは必要ない」と言われているように勝手に感じて、心に大きなダメージを受けていたのです。こんな思い込みを持っていると、否定されないように、何も指摘されないように、とにかく頑張るしかありません。

最近注意された内容を聞くと、**「玄関の植木をきれいにしておいて」**というようなものもありました。これは「注意された内容」ではなく、シンプルな業務上の指示です。

しかし、真理子さんにはこのようなちょっとしたシンプルな指示も「気が利かないから指摘されている」と受け取るほど、歪んだ思考パターンができ上がっていました。まず、この思考パターンから抜け出してもらうために、「事実と思い込みを分ける作業」を取り入れました。

最初は、どうしても長年のクセで「私は必要ないと言われている」と思ってしまいますから、落ち込んだ時や「また自分のことを必要ないと思っているな」と気づいた時に、**事実確認の思考パターン**を練習していったのです。

事実確認は簡単です。真理子さんが反応してしまう、「私は必要ないんだ」という思い込みの根拠を探すだけです。次のような3ステップです。

「❶ 事実 の確認⬇ ❷ 最適な行動を 選択 ⬇ ❸ 実際に 行動 する」

そもそも相手は一言も「あなたは必要ない」とは言っていません。

言われた内容は、たとえば「玄関の植木をきれいにしておいて」というような、ごくシンプルな業務上の指示です。

「事実確認」の例 ❶

〜仕事をミスした場合〜

- 仕事の〇〇にミスがあった⬇事実
- ミスをしたから不要な人とは言われていない⬇事実
- 対処法↓ミスを修正し、今後どうしたらミスを防げるか考える

⬇選択

- 対処法を実践⬇行動

他には次のような思い込みもあります。

狭い道を歩いていて、人とすれ違う時に迷惑そうな顔をされた瞬間。

「私は迷惑な人間なんだ、必要ない人間だから仕方ない」

そう思い込んでしまった場合は、次の表の通りです。

「事実確認」の例 ❷

～狭い道ですれ違った人に迷惑そうな顔をされた場合～

- 道が狭いから相手が迷惑だと感じた⬇事実かどうか不明
- 相手が迷惑な顔をしたから自分が不要な存在だと感じている⬇事実
- この考え方が嫌だ、変えたいと思っている⬇事実
- このような捉え方をしたら次に何を考えたいか⬇選択
- 別のことを考えたい⬇今、何を考えたいのか？　今やりたいこと、やったらスッキリすることは何か？を考えてみる⬇選択
- 帰ったら家のリビングを片づけたい⬇行動

（自分が望む方向に選択・行動するのが効果的・内容はなんでもよい）

このように何かあるたびに「私の存在は必要か・不要か」と考えてしまう自分のクセに気づき、事実だけを拾い、何を行動すればいいのかを探します。

こうして思考をチェックしていくうちに、真理子さんはようやく「誰からも〝不要な人間だ〟などとは言われていない」と気づきました。

すると、これまでの生きづらい狭く暗い世界が明るく開けた世界に変わり、周りは敵だらけではなく、自分を攻撃していたのは自分自身だった事実に愕《がく》然《ぜん》としたそうです。

事実、真理子さんは必要とされるために、収入を上げようと資格取得を頑張ったり、見た目を磨いたり、思いつく限りのチャレンジを重ねていましたが、何をしても満足できませんでした。

「勝手に自分を否定し、他人を遠ざけていたのはなんだったのか……。悪い夢から覚めたようでした」

とおっしゃっていました。

実際に彼女のイメージも、「周りの人が無表情な怖い顔で自分を見ている」と言われていたのですが、今では「笑顔な人ばかり」だと変わっています。

何を言われても「不要な人間だと言われている」というような反応をすると、相手の方も些細な注意でも真理子さんを扱いづらいと感じるでしょう。

◆「事実確認」の例❸

〜「この服似合わない」と言われた場合（出来事）〜

⬇私に似合う服なんてない（思い込み）

⬇似合う服もある（事実）

◆「事実確認」の例❹

〜失敗した場合（出来事）〜

⬇いつも失敗する（思い込み）

⬇失敗したことも成功したこともある（事実）

このように事実の確認スキルを身につけるだけで、どんな思い込みもどんどん剥がれ落ちてくれます。

モヤモヤに悩んでいる人は、知らないうちに事実を歪んで捉えているものです。それも「過去にそんなことがあったから」という経験だけで現在の人生観までも歪んだままにしているのです。

このように事実と思い込みにはズレがあり、思い込みはその人それぞれの思い込みが習慣化したものです。

私たちの脳にはネガティブな情報ほど長く記憶に残す、「ネガティビティバイアス」と呼ばれる機能があるため、誰でもこのような思考パターンに陥る可能性はあります。

習慣はただの脳のクセです。だから、自分で修正できます。ですが、事実を見ようとしないと、人生はこじれ続け、歪みが広がります。

せっかく出てきてくれているマイナス感情を使って、事実確認のクセ付けを練習していきましょう。

それだけでモヤモヤがぐんと減り、**スッキリさわやかな自分**へと近づいていきます。

「無明」のチカラをつける〝そもそも〟の考え方

「モヤモヤした感情は辛くて鬱陶しいのに、なぜ存在しているのか?」

そう感じたことはありませんか?

モヤモヤには「本当の自分」を知らせるという大切な役割があります。

役割をまっとうさせるためにも、効果的に使う必要があります。

それが、モヤモヤを一気にとっぱらい、本当の自分を引き出してくれる〝そもそも質問〟のアプローチです。この考え方を身につければ、ブッダが教えている「無明」の視点に一気に近づけるのです。

改めて、無明とは**「苦の原因について知らないこと」**です。

「無明」の視点は、悩みや不安の原因や真実を見て、自分をモヤモヤから解放する素晴らしい視点です。

あなたが苦しんでいる原因を見つめると、すべてのものは移り変わり、確定しているものなどなにもないのにもかかわらず、執着している――つまり、〝どうにもできないことをどうにかしようとする〟「無明」の視点とは正反対の自己中心的な自分も見えてきます。

「無明」の視点を取り入れない限り、どうにもできないことにもかかわらず、「執着」が生まれ、思い通りにならないことにとらわれてしまう。

その結果、実体のないもののために苦しむことになるのです。

前述した、「わからないから不安」というモヤモヤも「どうにもならないことをどうにかしようとする」か「どうにもならないのに解決しようとする」

からこそ、無力感や虚しさにつかまってしまうのです。神様でもないのに神業にチャレンジしているのですから、当たり前ですよね。

モヤモヤをなくすために大事なことなので、次にご紹介する相談者さんに多い3つのカテゴリーから紐解いてみましょう。

● 《人間関係》に使える〝そもそも〟の質問

人間関係がうまくいかなくて辛い。そして「嫌われているのではないか」と気にしている人はいませんか？　では……。

「そもそもどうしてあなたは、嫌われている相手から好かれたいと感じているのでしょうか？」

「そもそも、全員から好かれる必要があるのでしょうか？」

「そもそも、嫌われていない自分で何か成し遂げたいことはありますか？」

● 《お金》に使える〝そもそも〟の質問

「また物価が上がった」「出費が重なる」「お金持ちが羨ましい」……。

不安定な経済状態への不安や、多くの欲求を抱えている場合。

そもそも「この出費はなんのためか」を確認します。


例えば子どもの学費が高いと思っている方に「そもそも、学費はなんのために支払いますか？」と聞くと、「子どもの将来のため」と言われました。「お子さんの将来への出費が○万円だったら高いですか？」という質問には「そうでもないですね」。

「野菜の値段が上がった」と嘆いている方に、「毎月の食費はなんのために支払いますか？」と聞くと「家族の健康や命のため」と答えられます。

「家族の健康と命が毎月○万円だったら高いですか？」と聞くと「月○万円で家族が健康になると捉えるとむしろありがたいです」と答えられます。

このように**「この出費は、そもそもなんのためか？」**と確認すると、選択基準がはっきりします。


行きたくもない集まりや、付き合いのための出費など、確認した目的に金額は見合っていないと思ったら、それについては見直しが必要です。
前述の出費の理由を問う質問で、あなたの大切なものを丁寧に確認し選別することをオススメします。

● 《恋愛》に使える〝そもそも〟の質問

「彼とうまくいかない」「返信が遅い」「大事にしてもらえていない気がする」……など。恋愛は楽しくて幸せな時間も多いですが、うまく行かない時は辛いですよね。

「無明」の視点で見ると「他人」はどうにもならないことの1つです。
他人を一生自分に夢中にさせることも、思い通りに動かすのも無理。ですから、執着すると辛い思いをするばかりです。こんな時は、次のような質問で自分の思考を整理してください。

「そもそも自分は好きな人とどのような付き合いをしたいのか？」

「そもそも自分は相手からの何を望んでいるのだろう？」

「そもそも相手から何かしてもらうことで、自分は何を感じたいのだろう？」

恋愛モードの自分では、普段は気づけない自分の深層心理が出てきてくれます。自己理解のチャンス、モヤモヤをなくし、自分の糧になるチャンスとして役立ててあげましょう。

あなたの生き辛さを整理しよう

あなたが希望を描いている未来こそが、あなたの生き辛さ、モヤモヤの原因だったとしたら……。そんな風に考えたことはありますか？

「理想の未来」に対する希望が自分にプレッシャーをかけているケースは、少なくありません。知らないうちに〝ズレた理想（ニセモノの理想）〟で鬱になってしまった江口奈津子さんのお話をご紹介します。

事例
15

常に「誰かの理想」を生きてきた私

江口奈津子さん（仮名）の場合

奈津子さんは一見、順風満帆の人生を送っていました。中学受験からすべて思った通りの学校に合格、氷河期世代だったにもかかわらず希望した会社にも就職。家族や周りからも祝福され、順調に役職までついて忙しく生活していたのですが、なぜか心身に不調をきたしパニック障害と診断されました。

奈津子さんとお話ししてすぐに不調の原因がわかりました。

それは「自分の人生を生きていなかったから」です。

習い事や受験はすべて「親がこれをしなさいと進めたから」「塾の先生に、ここなら合格できると言われたから」。就職先も「この条件があなたに合うからここにしなさい」と親が選んでくれたから。

自分の選択や欲求が、反映されていない人生でした。

自分のやりたいことを選ぶ方法がわからないまま、他人からの期待にこたえ続けるのに限界がきていたのです。

親が喜んでくれたり、人から賞賛される選択が価値あるものだと信じていた奈津子さんは、他人の望む役割に自分自身を寄せ、一時的な評価のために自分を犠牲にし続けていたのです。

頭が良く、有能な奈津子さんは、ある程度の仕事はこなせていましたが、役職がつき、部下を指導する立場になると、慣れない人の指導、会社からの期待にも応えたくてこれまで以上に自分を追い込み、八方ふさがりになってしまいました。

実は、奈津子さんが思い描き、手にしてきた理想にも、「自分の望み」は入っていませんでした。

結婚して子どもは2人。実家の近くにマイホームを建てている、仕事ではプロジェクトを任され、活躍し順調に昇進していく。このような彼女の理想は、実は両親の望みだったのです。両親が押し付けたわけではないのですが、兄弟がそんな人生を歩んでおられて、それを見た両親が褒めていて「自慢だ」と言ったのを見ていて「自分もそうしたほうがいい」と感じていたのです。

両親の理想が自分の理想でもあると信じていたので、自分が思っている〝結婚したくない、子どもは好きでない〟というような思いは認めてはいけないような気がしていたのです。
仕事にも情熱はなく、まわってきたものをソツなくこなしていればいいと思いながら過ごしていました。

そんな奈津子さんは、朝飲みたい飲み物、通勤で通りたい道のような小さな選択から、自分で本当に選びたいものを選択する練習を少しずつはじめた結果、新たな気づきをたくさん得ることができました。

結局、彼女が望んでいた本当にやりたいこととは、多様な世界を見ながら外国を回る生活でした。危ないからと許可してもらえていなかった海外生活をどうしてもやりたい。安定、定住ではない世界で生きることこそが奈津子さん本来の望みだったのです。

病気になった経験をきっかけに、初めて自分と向き合い、両親に自分の思いを伝え、賛同されなくても選択した決断を実行した奈津子さんは、
「初めて心から明日が楽しみだと思えている。人生とは自分で楽しむもの！」

と実感する毎日を送っておられます。

自分のバランスを軸にしていく

奈津子さんのような誰かの理想を生きる生き方は、心の中に怒りが積もる生き方でもあります。なぜなら、隠された本心（思い）の中には、「あなたの望みに合わせてるんだから認めてくれるんだよね」「あなたの理想のために我慢してるんだから幸せになれるんですよね」といったように、我慢の量に比例して何かを得る期待値も大きくなるからです。当然、期待通りにならなかった時は、傷つき、怒りが蓄積されます。

今思い描いている理想も、

「どうして手にできていないのか」

「理想だと思っているのにどうして行動するのが面倒だと感じているのか」

この2点を確認していくと、そもそも自分が望んだものではなかったり、理想のレベルを下げて無難なものにしていたり、○○が嫌だからこれでいいというようなスタートからズレた理想になっている人は少なくありません。「ありのまま」ではなく、「そうすべき」な自分で過ごしている時間が長いと、誰しも自分の理想がズレてしまうのです。

親の期待に応えたい、他人から理解されたいといった欲求は誰にでもあります。ですが「親や他人の期待に沿った理解を得られるかどうか」は、親や他人が満足するかどうかで決まります。

親も他人も自分とは別の人であり、違う人生です。「非我の視点」が教えてくれているように、「自分のものなど、何もない」のですから、他人から理解や承認を得るために自分を犠牲にする必要もありません。

他人からの承認はほどほどにして、自分のバランスを軸にしていく。

それだけでも生き辛さは自然と整理され、**スッキリさわやかに過ごせる自分**に近づいていきます。

第3章

二度とモヤモヤしなくなる方法

自分のよくわからない状態や感情を言葉にすることの大切さ

第2章までは、治療でいうところの「対症療法」。「モヤモヤ」という不快な症状をいかに手放すか、ご説明してきました。

「非我」と「無明」の視点を軸に、「今のモヤモヤ」はスッキリ解消されていることでしょう。問題はここからです。

モヤモヤがぶりかえしたり、より大きくなって〝リバウンド〟してこないためにはいったいどうすればよいのか。心が二度と散らからないためには、いったいどうすればよいのか。その方法をお伝えします。

「対症療法」よりさらに一歩進んだ「根治療法」を身につけるのだと捉えてください。その先には**スッキリさわやかに、人生をずっと楽しみ続けるあな**

たが待っています。

もちろん、特別難しい手法が必要というわけではないので、安心して読み進めてください。「非我」と「無明」の視点を、自分の中に効率よく定着させていきましょう。

第3章の最初は、「自分の納得できない感情をどのように見つけて言語化していくか」について、お話しします。

気づいていない感情を「言語化」するという営みは、非常に大事です。

それなのに言語化を軽く見ていたり、遠ざけていたりするせいで、大事な情報をキャッチし損ねている人がなんと多いことでしょう。**「モヤモヤ」の根本治療は、言語化をクセづけられるかどうかにかかっている、**といっても過言ではありません。

「自分の納得できない感情」の見つけ方

そもそも他人に期待したり、自分自身に期待したり、執着を抱えたりしているだけで、人は生き辛くなるものです。要は「どうにもならないこと」を、どうにかしようとしても無理なのです。

さらに言うと、「わかっていても行動までは変えられない」ことは、モヤモヤした感情に悩んでいる人が陥っている代表的なジレンマです。

「たしかに、言っていることはわかる、だけどできない」
「アドバイスされても、それが簡単にできないから困っている」

そんな時は、自分が考えている内容を言葉で説明していくと、深層心理までも整理できてスッキリするのでオススメです。

よくわからない状態（納得できない感情）を言葉にするだけで、実は大事な情報をスルーしているのがわかります。自分が目にした情報や、その時に出てきた感情はすべて本心にアプローチできる重要な情報ということです。

このように自分のなかにある「納得できない感情」（＝モヤモヤ）を言葉にして確認していくと、自己理解を進められます。例えば次のようなことができます。

「モヤモヤの確認によって、できること」の例

- 客観的に自分を俯瞰できる
- 価値観がわかる
- 生き辛さの思考パターンがわかる
- 過去に影響を与えたものがわかる
- 執着しているものが見えてくる
- 改善したい部分がわかる

このように、あなたにとっての「重要情報」が満載です。
こうした情報をもとに、あなた自身でモヤモヤの原因を発見できたら、自分が自分の一番の理解者になり、どんどん自分を好きになれるのです。
おのずとスッキリした自分で生きていけるようになるでしょう。

「いやいや、これまでだって自分なりにモヤモヤと向き合ってきた、なのにモヤモヤは逆に大きくなったよ！」

そんな方もいるかと思います。もし、そのような経験があるのなら、その時のモヤモヤとの関わり方が、その時の辛い状況から一刻も早く抜け出したいあまりに、その場しのぎの視点で動いていたからでしょう。要はモヤモヤと向き合うための目的が「モヤモヤの原因を取りたい」ではなく、ただ「早くラクになりたい」になってしまい、「今を乗り切る」という視点だけにフォーカスしすぎていたのに気づいていなかったのです。

そうなると当然、問題の原因自体はそのまま繰り越されますから、労力と時間をかけた割に結果が伴わないという残念なことが起こるのです。

この場さえ乗り切れればいいという気持ちで過ごしていると、重要な情報は見落とされ、スルーされた感情は私たちの中に蓄積されます。

これまでのセッションでも、クライアントさんたちの「口に出せていない思い」「納得できない感情」＝モヤモヤをたくさんおうかがいしてきました。

やがてその思いが、人生の〝信じ込み〟となり、人生に悪影響を与えていくこともある……。つまりモヤモヤ（口に出せていない思いや、納得できない感情）を放置すると、人生を歪めてしまうことすらあるのかと、その影響力の大きさを実感しています。それは自分の実体験も含めてです。

それでは、人が「口に出せていない思い」には、いったいどんな種類があるのか。その一例をご紹介します。

- 私を無視しないで欲しい
- 私には問題があると思わないで欲しい
- 人生は厳しすぎる
- 自分は無力だ
- 他人より劣っていると思わせられた
- 私を負担に思うな
- 家族の都合よく私を使わないで欲しい
- 私は悪い人間だ
- 自分の思いは受け入れられない
- 自分は誰からも支援が得られない
- 誰も私を助けてくれない
- 問題だらけでうんざりしている
- 私は面倒を押し付けられる存在だ
- 私の言うことなど誰も聞いてはくれない
- 人は私を裏切るものだ

- みんなお金のことしか考えていない
- 愛する人は自分から去っていく
- 傷ついているけど、誰も気にしてくれはしない
- 自分の時間はいつも無駄にされる
- 自分の人生は欠けているものばかりだ
- 私には頼れる人は誰もいない
- 私も一番になりたい（優先してもらいたい）

ほかにも数限りなくあります。自分を大事にしてもらえなかった恐怖や、悲しみ、いらだちは隠れたモヤモヤとして私たちの中に、存在しています。モヤモヤした生き辛さを抱えた人たちは、それらが隠れているからこそ「恐怖心」だと誤解しながら、人生を歩み続けているのです。

ではあなたの「口に出せていない思い」はどうしたら出てきてくれるのか。確認できるワークをご紹介しますので、ぜひ実践してみてください。

「言えていない思い」を確認するワーク

次の質問に1つずつ答えてください。

出てこない場合は、〝見たくない思い〟が強いケースなので、無理に引き出そうとしなくてOKです。

「今は自分が『口に出せていない思い』を出したくないんだな、いつか教えてくれるといいな」と深呼吸をしてあげてください。

そしてできる範囲で、言葉にしてみてください。

「言えていない思い」を確認するワーク（前半）

❶今の状態に1つだけ変化を起こせるとしたらどんな変化が欲しいですか？

❷どうしてその変化が欲しいのですか？
❸どのような状態になれば、変化が起こったと実感できますか？
❹今、変化を起こせていない自分をどんな自分だと感じますか？
（例「私は○○な人間だと感じる」）
❺前の❹の「私は○○な人間だと感じる」を口に出してみて、思い出されるシーンはありますか？
❻その時に言いたかったのに、「言えていない思い」はなんですか？

❻で言葉にした時に胸がチクッとしたり、辛い感情が出てきたりしませんでしたか？　いくら出来事が過去のことでも、私たちの中では現在進行中で存在しているのが〝思い込み〟です。

「言えていない思い」を確認するワーク（後半）

⑦まだ痛みを感じている過去のあなたに、
今のあなたが世界で一番の理解者となって声をかけるとしたら、
どんな言葉をかけてあげますか？

世界で一番の自分の理解者であるあなたは、どんな場所でどんな言葉をかけますか？　イメージしながら出てきた言葉をかけてあげてください。

「否定している自分が声をかける場所」と、「理解者となった自分が声をかける場所」は違う場所が出てくる人が多いです。清々《すがすが》しくのびのびした気持ちになるイメージができる場所を、まずは想像してみてください。

ハワイのビーチで「これからは楽しもう」と言った人。

清々しい高原で「あなたはこれから最高の人生になるよ」と声をかけた人。

素敵な部屋で「お疲れ、ゆっくり休もうか」と言ってあげた人。

ゆったりしたカフェで「あいつらは本当に意地が悪い奴らだ」と延々とその時言いたかった文句を過去のあなたと一緒に言い切った人。


人によって千差万別と思います。


過去の自分に声をかけた後に今のあなたがどのような感情になっているのかも、確認を忘れずに。

当時と感情が変わっていたら成功です。感情が変わらない人は❻「言えていない思い」がまだ隠れていますので、全部出し切ってあげてください。


いかがでしょう。

モヤモヤした過去の感情をスッキリ消し去れたでしょうか？

自分にとっての〝心地よい状態〟を再定義する

のびのびと人と関わりながら、時にはわがままにふるまっているのに、たくさんの人に囲まれて楽しそうな人がいる一方、いつも人に尽くしているのに、人間関係に苦労する人もいます。

「ラクにうまく行っている人」と「そうでない人」、「スッキリ過ごしている人」と「モヤモヤしている人」とでは、言葉の定義が違います。

例えば、モヤモヤを抱えたクライアントさんに多いのは「いい人・優しい人」に対するズレた定義です。モヤモヤしている人の「いい人・優しい人」の定義は、相手の望み通りに動く人、ＮＯを言わない人。また、我慢してまで他人に合わせるのを頑張っている人です。

さらに、モヤモヤしている人は、「完璧な人」の定義を、「何でも自分でミスなくこなす人」だと思っていることが多いものです。

とはいえ生身の人間にミスや失敗はつきもの。生涯「1つもミスなく過ごせる人」など稀有《けう》でしょう。この「何でも自分でミスなくこなす人」という「完璧な人」の定義には無理があります。つまりズレているのです。

でも、そのズレに気づけないと自分への評価は低くなり、「自分はダメ、他人はスゴイ」という捉え方になってしまいます（67ページでご紹介した青木美穂子さんの例ですね）。

また「失敗やできないことがあったらダメ」というような厳しいジャッジを自分に押し付けながら常に過ごすので、「ありのままの自分」とはかけ離れた毎日を過ごすことになります。

そして、私たちは一人で生きているわけではありません。

例えばズレた完璧の定義によって「もっと頑張らないと！」と思ってしま

っていると、振り分けられた仕事は全部笑顔で引き受ける、もちろんミスもダメ――などと、どんどんズレた完璧のタスクが溜まり、オーバーワークになるケースがあります。

しかし、自分も相手も〝お互いが心地よい〟状態を完璧の定義にするといかがでしょう？「今は難しいのですが、明日でもいいですか？」と一言伝える、「〇〇さんにお願いしてみよう」と誰かを頼るなど、いろんな選択肢が出てきます。

認知の歪みの1つ、「ゼロヒャク思考」と呼ばれる二極化した完璧思考を持っていると、「自分が我慢するか、断るか」の2つしか選択肢がありません。しかし、ご紹介したように完璧の定義を「自分も他人も心地よい状態」に再定義すれば、もっと柔軟な思考になり、まさに〝自分も他人も心地よい状態〟を目指すことができるようになります。

自分も相手も丁度いい答えを導き出すとなると、すり合わせで話し合いが必要ですが、話し合いの概念がない人、話し合う方法を知らない人、話し合いを避けたくて、面倒だからとりあえず相手に「合わせる」を無条件に選んでいる人もいます。注意しましょう。

私たちは人間ですから、いつも同じ調子で過ごせるわけではありません。その時々で、完璧な状態だって変わります。

仕事とプライベートのバランス1つとっても、仕事が好きな人は仕事が8：プライベートが2の割合が心地よい方もいるでしょうし、家族時間を大切にしたい人の場合は、仕事とプライベート半々が良いという人もいるでしょう。そして、このバランスは状況に合わせても変化するものです。

定義は状況に合わせ、柔軟に変えることが必要です。

他にもモヤモヤを抱えているクライアントの方に、「この言葉に対するあなたの定義を教えてください」と確認すると、「人にお願いをするのはわがままな人」「仕事を頼むのは無責任な人」など、数限りない思い込みが出てきます。

自分の「定義のズレ」を修正できた方の例

こうした定義のズレから、生き辛さが日に日に大きくなり、押しつぶされそうになっていたクライアントの川口ゆかりさんがいます。今では、自分にとっての〝心地の良い〟定義を手にされて、幸せな毎日を満喫されています。

それまでの過程を見ていきましょう。

事例
16

理想像の定義がズレていた私

川口ゆかりさん（仮名）の場合

ゆかりさんは、「人のために行動している、貢献する人がいい人」という定義をお持ちでした。

この状態が当たり前なので、周りから「そんなに無理しなくてもいいよ、頑張り過ぎだよ」と言われても手を抜けず、へとへとに疲れていました。

彼女の中でのご自身のイメージは〝完璧な自分を目指している前向きな、ポジティブな人間〟だと認識しておられたそうです。

ですが、心身の体調が優れず、切羽詰まった状態で相談に来られたのです。

ゆかりさんの完璧な人の定義は、「仕事も家事も子どもの行事もこなして、人から賞賛される人」でした。

家事へのこだわりもすごくて、食材は無添加とか発酵食品は手作りで、野菜はどこどこ産でなど、こだわりも知識もたくさんお持ちの方でした。

にもかかわらず、お子様にも体調の不調が出ていて、そんな自分を責めていました。

「毎日無数の考えごとを繰り返すうちに、疲れ果ててしまった。だけど完璧な自分は休むわけにはいかない」

「完璧な自分を目指す」以外の許可は自分に出せないため、苦しさを抱え続けていました。

ゆかりさんがそもそも完璧な人にならなければダメだと思ったのは、お母様の影響でした。社交的でお料理やお菓子作りが得意なお母様は、友達や近所の人からいつも羨ましがられる〝自慢の母〟だったそうです。

そんな憧れがいつしか「自分も母のようにならねば」という義務感のようなものに変化。また「わが子にも、自慢のママだと思ってもらいたい」「自分はまだまだ」と思い込むことで、「完璧」の定義をどんどん偏らせながら、自分に追い打ちをかけていたのでした。

ゆかりさんは自分を見つめるうちに、「私は『わが子のために』と言いながら、『自慢のママ』と思ってもらいたいだけなのだ」と気づきました。

「自分にとっての心地よさが、完璧な状態」という定義をゆかりさんと一緒に考えて行くと、「ゆかりさんは結婚前までは仕事が大好きだったのに、完璧な母親を目指すために仕事をやめた」という経緯がわかりました。

そのことに気づいた時、彼女は勇気を持って「心地の良くない完璧な母親」というズレた定義を手放し、家族の応援もあってパートを始められました。今では仕事の楽しさを思い出し、有能なゆかりさんは正社員のオファーが来て活躍されています。

彼女にとって〝心地の良い〟完璧の割合は「仕事6：家族4」でした。そして家族に家事を協力してもらいながら、過ごす毎日が快適だったのです。「子どもが大きくなったらもう少し仕事の割合を増やしたいと考えています」そう教えてくださったゆかりさんは、思い詰めていた最初の頃の彼女とは違って、とてもイキイキして本当の自分でスッキリ生きておられました。

さらに、ゆかりさん自身がイキイキと過ごすようになると、夫婦関係も改善し、お子さんの体調不良も治ったのです。

お母さんが幸せになると、家族ごと幸せになるご報告はとても多いので、お母さんのチカラは最強だなと感じます。無理をしながらストレスを抱えたままの完璧の状態は、いくら笑顔で乗り切っていても、家事をこなしていても、お子さんは感じるところがあるようです。

「正しく定義をする」、あるいは「定義を見直す」ことの重要性に、改めて気づかされます。

脳科学でも証明されている「自分の心地の良い状態」

実は脳科学的にも証明されている、心地の良い状態についても、ブッダは触れています。

最高の財産や幸福を手にする生き方を問われた時の答えがこちらです。

二六三
「施与《せよ》と、理法にかなった行いと、親族を愛し護ることと、非難を受けない行為、――これがこよなき幸せである」

二六五
「尊敬と謙遜と満足と（適当な）時に教えを聞くこと、――これがこよなき幸せである」

（『ブッダのことば　スッタニパータ』中村元訳）

ほかにも記述は豊富にありますが、まとめると「施与（贈与＝布施）」物だけに限らず精神的なものを含め与えること、善行に対して誠実に生きること、道徳にかなった良い行いをし、人が喜ぶことを行いなさい、それが心地の良い状態、生き方であると言われています。

相手から感謝の気持ちを受け取ったりしたとき。私たちの脳からは、神経伝達物質「オキシトシン」が出ることがわかっています。つまり、**他人から感謝されたとき、人は喜びを感じるようにできている**※注4のです。

賞賛されるのも嬉しいですが、賞賛には大なり小なり「○○だからスゴイ」という何かしらの評価が入っています。

ですが、他人からの感謝は〝あなたの思いやりや存在がありがたい〟という言葉なので私たちは素直に幸せを感じるのです。

期待も執着もなく、自分も人も喜ぶ毎日を過ごす。

そう考えただけで穏やかで幸せな気持ちになりませんか？

モヤモヤを発生させない仕組みは、あなた自身で作り出せます。

仕組み作りに慣れるほど、**スッキリさわやかに過ごせる自分**に近づいていきます。

それぞれ自分に合った定義でいい

ここまで、「完璧な人」の定義がズレていた川口ゆかりさんの例を挙げながら、お話を進めてきました。「ラクにうまく行っている人」と「そうでない人」、「スッキリ過ごしている人」と「モヤモヤしている人」とでは、設定されている言葉の定義が違うことが、ご理解いただけたことでしょう。

ここで「言葉の定義」の話に戻ります。

これまで「『自分にとって最高（の状態）』などの言葉に関して、自分の言葉の定義を確認なんてしたことがない」という人は、何が正解なのかわからない、自分らしい言葉の定義（正解）の見つけ方がわからなくて不安だと思われるかもしれません。

しかし、そこまで生真面目に考える必要はありませんのでご安心ください。人によって最高の状態、最適な状態は違いますから、人それぞれが正解を持っていて状態を見極められればいいのです。

あなたのその時の〝感情〟がいつも正しい答えを教えてくれますので大丈夫です。

また、心地の良い状態かどうかは、前よりラクになったという程度ではありません。「他人の目が気になる」や「〇〇でないとダメだ」というモヤモヤを発生させる思考から解き放たれた、のびのびしている感覚。

プラス、周りの人たちとの違いも認められるあたたかい感覚です。

その状態が、自分にとって日常的に心穏やかな状態かを確認していくとあなたにとっての最高の状態が見えてきます。

そもそもモヤモヤに悩んでいる人は「うまくいかなくて嫌だ」「今の自分

はダメだ」など、自分にダメ出ししたまま思考がストップします。

そんな時は、その一歩先までの思考（そして私はどうしたいのか、いったん別のことをしたいのか、気持ちを切り替えたいのかなど）の確認と、その状態は感情に心地よさがあるのかないのかを考え、自分の導き出した答えが自分にとって正解かどうかを確認してみてください。その答えの内容によって気持ちがスッキリするのかしないのかが見えてきます。

あなたの「感情の正解」を導き出すには

あなたにとっての正解を導き出せるワークをご紹介しましょう。

完璧主義なクライアントさんの事例で見てみると、次のようなやりとりで改善することが多いです。

❶どうして完璧な自分でいたいのですか？
⬇「周りの人たちから素敵なママだと羨ましく思われたいから」

❷どうして素敵なママだと思ってもらいたいのですか？
⬇「羨ましがられるほど素敵なママだと、子どもも人気者になるし、自慢に思ってくれるから」

❸今は素敵なママだと思われていないのですか？
⬇「自分が目指す完璧にはまだまだだから思われていない、頑張らないと」

❹では今の状態から更に頑張りたいところはどこですか？
⬇「行事に参加して貢献したいし、料理ももっとレベルアップさせたい」

❺❹を頑張っている自分をイメージするとどのような感情になりますか？
⬇「息苦しい感じがあります」

実際にこのようなやりとりをするのですが、③のあたりから言葉が「私がこうしたい」という流れではなく、「もっと〇〇しないといけない」というような〝義務感寄り〟の言葉になっていきます。

それから、①の答えも「人からこう思われたい」といった言葉が出ているのがポイントです。

本心に沿った言葉であれば、「私がこんな自分が好きだから。私が楽しいから」といった言葉が自然と出てくるものです。

このように、何気なく出てくる言葉で本心か、本心とズレているのかを確認できます。

とってつけたようなどこかで聞いたような模範解答の言葉や、やたら説明が長い言葉が出てくる場合も本心とズレがあることが多いです。

先ほども触れたように、本心の言葉は、力強く、シンプルな言葉になります。「好きだから！」「私が○○だからこうしたい！」といった言葉があふれ出ているのです。

例えば、大好きな人に会いに行く時の自分を考えてみてください。

説明不要で「ただ会いたいから！」ではないでしょうか？

「お金がかかっても、時間がかかっても会いたい」という思いでいっぱい。感情もワクワクしているはずです。

これが義務感になってくると、「しばらく会ってないからそろそろ会ったほうがいいかな」「言われたからそうするか」という感じで、ワクワク感も減っていたりします。

このように、私たちの感情はとても正確にその時の自分の本心を教えてくれるものなのです。

人は誰もが悪を持っている（本当の自分を取り戻すために）

私たちは人間です。生身の人間ですから常に善人というわけにはいきません。さまざまな欲求にとらわれたり、感情の波に引きずられたりもします。

余裕がない時はイライラしますし、人に当たったりすることもあります。

また、本当にやりたいことを精一杯頑張っても、失敗することは当然あります。

それが当たり前なのですが、こうした自分のブラックな部分や、弱さに自分でダメ出しをすると、これまでお伝えしてきたように、防衛本能が働いて無理して取り繕ったり、モヤモヤの原因を発生させてしまいます。

そもそも本当の自分、私たち（人間）は誰もが「善と悪」の両面を持っています。完璧な善人も、完璧な悪人も存在しません。人とはそれほど多面的、多層的なものなのです。

そして、自分のものはごくごく一部で、私たちの存在には優劣などはない、それが人間という存在なのだと認めてあげることが大切です。

それらを踏まえたうえで、自分の中のブラックとホワイトの割合が日々、シチュエーションで変わるものだとわきまえることです。

とはいえ、その「自分の中の（善と悪の）バランス」の比率は自分自身で選べます。自分の意志で調整できるのだと思えば、落ち込むことも自分を責めることもありません。

また「自分がブラックモードになりやすい時はこんな時」など事前把握をしておけば誰かに助けを求めることもできますし、そうなったときにどう対処すべきか、対策も立てられます。

つまり、私たちは常に前向きに「善人」を目指し続ける必要なんてありません。「私はいつもネガティブだ」「ブラックな部分が多いダメな人間だ」と自分を責めるなんて、もったいない。自分自身をもっと大事に思いやってあげてください。そして、こうした「善悪のバランス調整法」とは決して短期的なものではなく、自分本来の可能性や未来をも変えてくれる長期的な手法なのだと心得てください。

「自分の中の善と悪のバランス」を取り戻す

この「善悪のバランス調整法」について、お伝えしておきたい私の経験があります。約25年前のことですがいまだにはっきりと覚えている感覚です。

「はじめに」などでもお伝えしたように、幼少期の私は貧困を経験し、宗教二世として洗脳に近い謎のルールに縛られていました。

そんな場所から離れたい一心で、自信もない、お金もない、学歴もない、心のよりどころもないまま社会に出ていきました。なんとか成功したいと思いながらも、ずっと心の中では世の中の不公平さに怒りを抱えていたのです。

そんな強固なモヤモヤを抱えて過ごしていたある蒸し暑い夏の日に、つけっぱなしのＴＶから、通り魔事件のニュースが流れてきました。その時の犯人の動機が「暑いからむしゃくしゃして刺した」という理由だったのですが、そこで私は「そうだよね、暑いしね」とすんなり犯人側の気持ちに同調してしまったのです……。

あまりにすんなり〝そうだよね〟と思ったので、自分では気づかなかったのですが、その時のコメンテーターが「この動機は身勝手で許せませんね！」と話しているのを聞いて「自分ってかなりマズい状態なのでは？　私もいつか人を刺してしまうのでは？」とゾワッとしたのです。ですから今の私は、たまたま運が良く幸せな毎日を手にできただけだと思うのです。

些細な選択の違いがあっただけで、違う選択をしていたら、どうなっていたかはわからないと思います。

誰でも好んでイライラしたいわけではありません。誰だって穏やかに清々しい自分で過ごしたいはずです。少なくとも私はずっとそうでした。

ほかの人が手にしている心地よさそうな生き方はどうすれば手にできるのかを心底知りたかった。ですから誰しも自分の中に悪の種はあって、出さずに済んでいるのがありがたい、たまたま幸せな状況であるとも言えます。

このような捉え方を持つと「悪いことをした人にも何か事情があるのだ」という事実が見えてきます。

犯罪者は、たしかに許されない悪いことをしています。

ですが「自分がまったく同じ環境で育ち、同じ目にあったとしたら、自分はもっとひどいことをしたのでは？」とあの時の経験から思うのです。

私たちは追い詰められた時や、どうしようもなく不快な状況が積もり積もった時、もともと持っているブラックな部分が出てきます。

人間であれば〝ブラックの種〟は誰しもが持っているからです。

今振り返ると、この時期の私は成果重視の頑張りすぎで余裕がまったくありませんでした。

毎日の睡眠もそこそこで、「自分を労《いた》わる」「感情を整える」などの時間も、一切とっていませんでした。

「自分の体は私のモノだから好きにしていい」

このような意識で自分勝手な扱いをしていましたが、「非我の視点」で**「自分の物は何もない、この身体も大切な借り物だから丁寧に扱おう」**と考えると変わることができたのです。

私たちの心と身体は一生使うもので換えはききません。

気持ちよく身体を使えるように、動かしてリフレッシュする、趣味を楽しむ、心の専門家に話を聞いてもらうなど、あなたに合ったケア方法はたくさんあります。

ブラックな自分だと気づいた時、なりがちな時は、自分の中に抑えた感情があって、やり場のない思いが溜まっている証拠。

「自分を大事に扱ってあげてないな」と、ライフスタイルのバランスや自分への関わり方などをぜひ見直してください。

ワクワクした未来に
ストップをかけてしまう理由

気まずくなってしまうかもしれませんが、あなたのために、真実をお話しさせてください。

「未来のイメージをしてください」と言われたら、あなたの頭の中にはどのようなイメージが出てくるでしょうか？

モヤモヤライフを送っている人たちは、巷《ちまた》でよく聞く〝ワクワクすること〟とか〝素敵な未来〟などのイメージが、まったく出てこない人が多いのです。

そういった状態は、「その人の無意識が明るい未来にNOを出しているサイン」です。

無理にひねり出したワクワクした未来を作ろうとして、苦痛な5年間を過ごしたクライアントの篠崎玲子さんがおられます。

事例
17

「家族のための自分でいるべき」と思い込んでいた私

篠崎玲子さん（仮名）の場合

友達に誘われて参加した、「ワクワクした未来を手に入れる」勉強会。仲間たちとノートや写真を使って理想の未来に向かって過ごそうという楽しい会だったそうです。

ですが、周りの楽しそうな人たちとは反対に、自分はまったくワクワクできない。たいしたイメージが浮かばない。友達が誘ってくれるからと頑張ってイメージをひねり出しつつ、5年ほど続けたそうですが、結局何も変わりませんでした。

それどころか、途中からは楽しそうな人たちを冷めた目で見ている自分に自己嫌悪を抱く辛い時間となってしまったそうです。

自分の本心をチェックしてみたところ、玲子さんが未来にワクワクできなかったのは「何かを得るためにこれ以上無理はしたくない」と思っていたからでした。

当時の彼女は無理をしている自分に気づいていなかったのです。

玲子さんは、日常的にハードな作業を抱えているわけではないので、「身体的に無理をしている」という自覚はありませんでした。でも、目に見えない数多くの義務感に、がんじがらめになっていました。

家族に不自由をさせてはいけない、もっと家族を幸せにしないといけない、私はいつも家計に余裕を出しておかないといけない……。

長い間、家族の期待に応えることを優先させてきたので、その生き方の延長でしか考えられずに、自分自身のワクワクした未来イメージが出てこなかったのです。

それどころか、大事にしたいはずの家族に「いろいろなことを押し付けられている」と感じていて、怒りと悲しみを抱えている自分も確認できました。

そうして「家族のための自分でいるべきだ」という間違った思い込みの感情を整理すると、ワクワクした未来のイメージが次々と出てきてくれました。

「そのワクワクした未来のイメージは、小さい頃によく褒められていたものが中心になっていました。私は知らないうちに自分の良さを消していたんですね」

このように意外そうにおっしゃっていました。

玲子さんは今ではやりたかった仕事に就かれ、家族との関わり方を見直した結果、家族も自立。結婚して初めて経験するほどの家族仲の良さとなり、幸せを噛みしめています。

本心に沿った未来をつかむための質問

自分の本心に沿った未来をつかむためには、まずは次のような質問を自分に投げかけてみてください。

「本心に沿った未来」をつかむための質問

1. あなたが叶えたい理想の未来はなんですか？
   1つだけ選んでください。
2. どうしてその理想の未来を叶えたいのですか？
3. 2の答えに対して、なんのためにそうしたいのですか？
4. 3の答えに対して、なんのためにそうしたいのですか？
5. 4の答えに対して、なんのためにそうしたいのですか？

この答えを延々と答え続けることができると、本心に沿った未来だということです。何がなんでもあなたがやりたいことです。

クライアントである会社経営者さんにも、会社の理念を確認した時に、このような質問をすると、はじめは「社員の幸せのため」「地域の発展のため」など出てきますが、だんだんと〝うーん〟と尻すぼみになってしまう人と、世界観が無限に広がる人に分かれます。

その違いは、いったい何か？
次の問いを考えることによって、わかるはずです。

「あるプロジェクトを成功させたかったが失敗してしまった」
そんなシチュエーションの際に、

「なぜ失敗したのか？」

このように問いかけるのではなく、

「なんのために失敗したのか？」

このように問いかけると、出てくる答えが変わります。

「なぜ」と聞くと過去の理由を探りますが、「なんのため」にと聞くと、未来の目的のための答え探しをするのです。

未来の目的がはっきりしていると、質問を投げかけられても「私がこうしたいから○○が必要なんです」と言い切る答えが湧き出てきます。

先ほど例に挙げた「社員が幸せになるから」という理由を持っている人だと、社員が幸せだと家族も幸せだから、家族が幸せだとうちの会社に入りたい人も増えるから、会社が大きくなると人が移住してくるから、会社や県の財政も潤うから、ロールモデルで他の地域も助かるから、などなど。

本心で答えている人には「楽しい」「そうしたい！」というような理由がたくさんあるのです。

悩みから抜け出せないのは「モヤモヤ＝安全地帯」と感じているから

辛くてもモヤモヤ悩み続けている……。

そんな人たちは無意識に、その状態にメリットを感じています。

「そんなことない！」と本気で反論する人たちも、本心を丁寧に確認していくと、「モヤモヤしている状態が、自分にとってはたしかに好都合だった」「悩み続けている状態が、実は心地よかった」「悩み続けているほうが、なぜかラクだった」。不思議なことに、皆さん口を揃えて、そう言われるのです。

悩みを抱えている人たちのメリットは大きく次の2つに分かれます。

❶ 別の悩みを隠せる

❷ 人のせいにできる

見たくない問題から目をそらせると、本当の問題に向き合わなくてもいい、つまり「自分で答えを出さなくてもいい」という選択を避けられるメリットがあります。

自分らしく生きたほうが幸せでラクになるとわかっていても、どうして自分らしく生きるための選択を避けてしまうのかというと、選択を間違えた場合の苦しみを恐れているからです。

悩みの原因への向き合い方がわからない、選択も怖いという生き方をしてきた人たちは、人生において何かしら問題が起こり続けています。

ですから、何か間違った選択をしてコトが荒立つよりも、悩んだままにして答えを出さないでいい状態が安心、自分なりの安全地帯だと感じている部分もあるのです。

こういった思考パターンを持っている人たちは、モヤモヤした悩みが自分を守る手段のため「悩みがなくなると正直困ってしまう」と感じるほどです。

ご自身にも思い当たることがないか考えてみてください。

自分らしさを出さないようにするための悩みなんて手放していいのです。そうすることではじめて、**スッキリさわやかに過ごせる自分**に近づいていきます。

ここで「誰でもいつでも、変われるのだ」という勇気をくれる事例をご紹介しましょう。

「今度こそ変わる！　悩み続ける自分とは決別する！」

そんな強い信念を持って自分と向き合った長谷川瞳さんです。

並々ならぬ決意で「悩み」を手放そうとした時、自分の中に大きな抵抗が出てきて「我ながら訳のわからない抵抗がスゴイ」と呆然としたお一人です。

事例
18

「自分の中の怒り」を整理できていなかった私

長谷川瞳さん（仮名）の場合

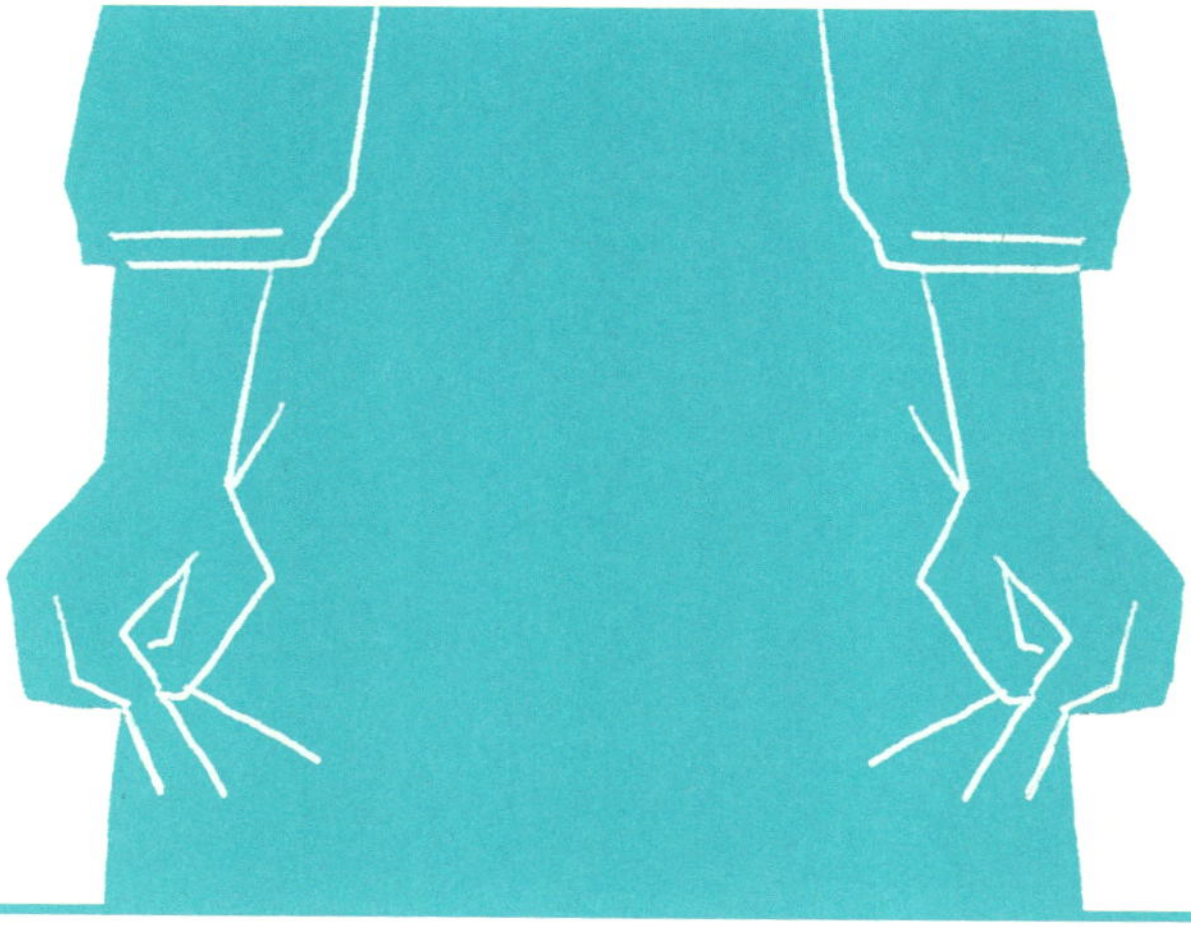

瞳さんはなぜか自分が損をする役回りを選んでしまいます。

いつもそのような選択をするので、周りの人たちからは「瞳さんは面倒くさい作業のほうが好きなんだ」と思われていて、当たり前にやっかいな出来事ばかりがまわってきます。

つまり「いつも嫌な役ばかり押し付けられる」けど、NOと言えないジレンマを抱えていました。

セッションの中で「断ると嫌われる」という思い込みや、「人に頼られていないとダメ」というような、いくつもの〝思考の歪み〟を整えていったのですが、毎回最後の最後で、実生活において非常にめんどうな仕事を引き受けてしまったりして、自分をスッキリした状態に持って行かないのです。

ご自身でも「これができたら私は卒業ですね！」なんて言われるのですが、結局いつもと同じパターンで動いてしまうのです。

「どうしてこんなことが起こるのか……」と自分の中の何かのチカラに驚いていました。彼女が抵抗していた理由は「周りから注目されたり、頼られたり」という自分が心地の良い状態を、「まだ手放したくない」「手放してたまるものか」という頑《かたく》なな怒りでした。

瞳さんは母子家庭で、お母様は苦労されながら瞳さんを育てられました。そんな状況だからか、何かにつけて次のような言葉を投げかけられました。

「あなたがいるからもっと稼がないとねぇ。あなたがいるから大変だ」

「学費がいるから○○さんから借りてきた」

恋人ができたり、何か楽しいイベントを友人と楽しもうとすると、

「私のお陰でそんな楽しい思いができている、こっちは支払いが大変だ」

このような嫌味を言われ続け、心から楽しめたのか、楽しめてないのかわからないような期間を長く過ごしてこられました。

ですから瞳さんの中では、「ラクになったら母に感謝しないといけない」

＝「つまり感謝するなんてまっぴらだ、さんざん我慢させられて感謝して欲しいのは私の方だ！」

という強い怒りがありました。そして前に進むことに抵抗して、自分の本心がこのままではスッキリできないと教えてくれていたのでした。

瞳さんはこれまでにもあらゆる心理療法を受けておられて、自分の中の怒りは整理できたものだと思っていました。

「自分だけが幸せになると母への罪悪感が出てくるだろう」と思っていましたが、ここまで大きな怒りがあるとは思ってもみなかったのです。そして、苦労をかけた母に「感謝していない自分」を認めるのは、かなりの勇気が必要でした。

「感謝をしないといけない」「感謝しないと幸せになれない」

そんなモヤモヤを抱えた人で、瞳さんのように思っている人はたくさんおられます。ですが、感謝がすんなりとできない場合は、自分にとって最適な感謝の順序を探すのが最優先事項です。

瞳さんに最適な「感謝の順序」は次の通りでした。

感謝なんてしたくない自分を認めた結果、まずは我慢ばかりでむかついていた、辛い思いを抱えて孤独だったこと、周りの人たちがとても羨ましかったこと、そんな自分をみじめだと思いながらも前を向いてきたことを全部確認しました。

こうしたさまざまな思いを認め、すべて吐き出した後に自然と、欲しいものを買ってくれて嬉しかったこと、無理をして付き合ってもらって出かけたことなど、温かい思い出も浮かんできて、お母さまにも感謝の思いを持てるようになりました。まとめると次のようになります。

❶「我慢ばかり」「周りがうらやましかった」など、**辛くなるような記憶も、すべて思い出す。その時の感情や言えなかったことも全部確認して、〝自分ってこんなにいろいろ口に出せていない気持ちがあったんだ〟と認識する。**

❷もし、自然とでてきた心が温かくなるような記憶があれば、その**「心**

が温かくなるような記憶」に意識をフォーカスさせて、日常を過ごす。

③やがて、①の辛くなるような記憶よりも②の心が温かくなるような記憶の存在感が自分の中で大きくなり、それへの感謝の気持ちがおのずと湧いてくるようになる。

右は、あくまで瞳さんにとっての「最適な順序」。人によって、ベストな順序は異なります。たとえばほかのクライアントさんの事例や、私自身の経験を振り返ると、「感謝したい人」と物理的に距離をとり、冷却期間をとった後、自然に感謝ができるようになったケースもあります。

すんなり感謝できれば素晴らしいこと。でも、それができない場合は、やはりそれぞれに理由があるのです。ですから自分に合った感謝の順序を考えてみることをおすすめします。

非難モードの人たちの言い訳

クライアントさんとのセッションなど、たくさんの方のお話を聞いているうちに「〝非難モード〟の人たちの、非難の言葉は言い訳ではないか」と気づきました。

非難モードの人たちとは、面識のあるなしにかかわらず、自分以外の誰かの言動に対して攻撃や反論をする人。また実際に面と向かって嫌味を言ったり、マウントをとったりなど、相手を否定してしまうような人を指します。

先ほどもお伝えしましたが、悩みには次の2つのメリットがあります。

❶ 別の悩みを隠せるメリット
❷ 悩みを〝人のせいにできる〟メリット

とくに、②の「人のせいにできるメリット」はたくさんの項目を網羅できるお得な方法です。

- 非難すると相手より上だと思える
- 何もしなくても何かした気になる
- 自分の行動は変えなくていい
- 同じように非難する人たちと一体感が持てる

このように一時的でも劣等感を隠しながら優越感に浸り、仲間をつくることも可能です。

人を非難し、攻撃してしまう心理の裏には、自分が非難されたくない思いがあります。だから先制攻撃で〝私は悪くない・私は正しいのだ〟といった言動をとりたくなってしまうのです。

例えば、ある方は「実家が資産家の人が仕事をしていないこと」を非難していました。非難された方は「1秒も働いたことがない」ことをこれ見よがしにアピールしているので気になるのもわかりますが、非難をするとなると少々違います。

この〝非難モード〟の方のうわべの言い訳は「働くのは社会貢献だから、そうでないのはけしからん」。

本当の言い訳は「自分にはそんなライフスタイルは手にできないのを認めたくない」です。

「労働こそ人間の喜びである、尊厳だ」という価値観で、労働を誇らしく思っている。だからこそ労働していない人はおかしいのではないか？　と本当に感じてしまうこともあるでしょう。

価値観は人それぞれなので、違うものがあると違和感が出るのは当然です。

ですがくり返しお伝えしているように、非難したい気持ちが出てきた場合は自分の感情を確認するチャンスです。

「非我の視点」で見ると、相手の人生は相手のもの。

事実として、私たちが押し付けるものでもないし、押し付けて変わるものでもありません。

そのことに気づければ、

「自分の考えとしては、労働は素晴らしいと思っている。だから、そのような生き方にも気づいてもらいたいと思う。だとしたらわかってもらうにはどうしたらいいだろう」

というような、非難とは違う思考で動けます。


この方の場合は、お金のために仕事をしている自分を本当の意味で認めたくない思いがありました。

本当に自分も同じようなライフスタイルを手にしたいのなら、本気でリタイヤなりFIREなりを目指すなど、今とは別の行動をとるでしょう。ですが「行動をせずに非難すること」が、現在できる精一杯のことなのです。

今の私だと、仕事が大好きなので働いたことがない人を羨ましいと感じません。ですが過去の自分だと、同じように感じていただろうなと理解できます。ですから、非難に反応する心にも、羨ましさなど「本心が気づいて欲しい情報」が含まれていることを、ぜひ知ってもらいたいのです。

人を非難するダメな2パターン

非難の出し方は、わかりやすく表面に非難を出す〝表攻撃型〟と、表面に出していなくても心の中では非難が渦巻いている〝内攻撃型〟の2パターンがあります。

表攻撃型は非難を怒りで表面化させます。

普通の怒りではなく、溜め込んだ不満が常にあるため、上限に達している状態で爆発してしまうことが頻度高く起こります。自分でももはや何に怒っているのかわからず、何もかも嫌、イライラが常にある感覚を持っている人も多いです。嫌味やマウントが多い人は怒りを溜め込んで、出せないまま過ごしているサインなのです。

一方、内攻撃型は、率直に自分の意見を伝えるのに抵抗があり、いったん受け入れたと思わせて後から反論したり、リアクションを取らずに無言で非難しています。

建設的に、目的のためにその場で反論したり、お互いの意見を伝え合えれば双方が満足できるのですが、そういった方法を知らない（またはできないと思っている）ので〝一見OKしているように見せる〟パターンで対応し、腹の中ではモヤモヤを抱えます。

非難する目的は素の自分を出さずに、その場の対応ができるからです。

非難をしない自分となると、素の自分を出している状態なので、自分に自信がない人はついつい隠したくなったり、自分を守るための「鎧《よろい》」をつけておきたいと感じます。その鎧の役割に非難や言い訳を選択しているのです。

素の自分を「むき出しの自分」と表現された方もいます。それくらい心細く怖いことだと感じる人も多いのです。

「非我」の教えにあるように、自分のものなどごくごく一部です。ですから他人のものも、その人そのものではなく世の中の一部ですから相手への非難は必要ありません。

非難している自分に気づいたなら「今、自分はうわべの言い訳ばかりに気を取られているんだ」と気づいてあげて欲しいのです。

仕事をしていない人が羨ましいと感じたら、自分の本当の言い訳を探せる機会をもらえたと捉えて本心を探ってみると、たどり着いた答えから何を変えられるのか人生を見つめ直すこともできます。

それから、仕事ができる健康な状態や、やりたいことがある幸せや、働いているからこそ得られる環境など、何でもないことの素晴らしさをおろそかにしていないのか確認してみましょう。

そして、改めて当たり前の素晴らしさを確認してみてください。

私たちの脳には、欠けたところや空白を認識すると気になる、埋めたくなる習性があります。だから「誰かが○○を持っている、だけど自分は持っていない」と感じると気になるし、「持っていないといけない」気になるのは、脳の習性が出ているだけ……。

このように自分に教えてあげるだけでも、事実をフォーカスする視点に切り替えられます。

今を生きなければ意味がない

マイナス思考で過ごしているあなたは、過去の世界をタイムトラベル中です。なぜならものごとをマイナスに捉えてしまうのは、過去にあった出来事の解釈の1つだからです。今の自分でスッキリ幸せに過ごしたいのなら、今を生きないと意味がありません。

次の2つの文章の感覚をくらべてみてください。

※目の前にあなたの好きな飲み物があって、今から飲むところです。

❶**「過去に自分をバカにした人が許せない！」と思いながら飲んでみる**

❷**「いい香りだな〜、やっぱり私は飲み物は○○が好きだな〜。温度はこれくらいが最高だ！」と思いながら飲んでみる**

別の飲み物かと思うくらいおいしさや感覚が違いませんか？

今の自分をスッキリした自分に整えてあげると、スッキリした自分から見る未来が広がります。

一方、マイナスな過去を背負った自分が今の自分だと、未来も過去を背負ったままの自分が見た世界で続きます。とにかくシンプルに今を楽しめない限り、マイナスの循環は続いていくのです。

この「今を生きる」は実はわかりにくく、誤った方法で〝今を楽しんでいるつもり〟の人はたくさんいます。

例えば「ただ、自分が楽しいことだけすればいい」と思っている人。どうして楽しくないといけないのかを考えてみると「これまであんなに辛いことがあった。こんなに頑張ったんだからこれくらい楽しまないと」というように、理由に過去のマイナス感情が含まれているのです。まるで、ずっとご飯が食べられなかったからお腹いっぱい詰め込むかのようになっていて、丁度いい量を丁寧に味わうという意識を持てていないのです。

「もっともっと」という不足感が常にあり、ポジティブ感情が少ないので焦りの感覚があるのです。例えば……。

1億円を稼いでも「足りないからもっと欲しい」

ブランド物を1つ買ったら「ほかのブランド物も欲しい」

目を整形したら「次は鼻の整形にも挑戦したい！」

このように、「もっともっと」には制限がありません。

今に満足しない限りは、この「もっと」の執着からは逃れられないのです。

幸福感が持続しない＝過去にとらわれている証拠

知人である小野龍光氏（僧侶／元起業家）とお話する機会がありました。

龍光氏はメディアでも紹介されていますが、東大卒で、かつては100億企業を経営。「お友達と世界中で豪遊したり、趣味を楽しんだりしている」という絵に描いたような成功者でしたが、あるとき僧侶として得度されたという異色の経歴の持ち主です。100億稼いでも「もっと効率化、もっと収益化」。「もっともっとで息が詰まりそうだった」と教えてもらいました。

「100億稼いでも満足できないのか、人間ってある意味すごいな」と感じたものです。

楽しい時間を過ごすことは、大切で素晴らしいのですが、今を楽しんでいるはずなのに、幸福感が持続しない。すぐに焦ってしまうのは、過去にとらわれた思考パターンが出ているサインです。

今を生きているつもりで、過去を見ながら今を過ごしていると、本当に大切なものが失われ続けてしまいます。「過去○○だったから」にフォーカスしているので、「今」大切なものを見逃してしまうからです。

こちらのポイントは、過去の経験をマイナスと捉えている場合に限ります。

例えば、過去の経験を肯定的に捉えていると、「過去にあれだけ努力したのだから、仕方がない。自分なりの精一杯だった」と思えていると過去と今は自然と切り離せます。

「次回はこうしよう」という風に、今とこれからに焦点を向けられます。一方、「あれだけ努力したのに成功しなかった自分はダメだ、これからもうまく行かない」と捉えていると、「ダメだけど何とかしないといけない」と感じて焦りが出るのです。

過去が強く紐づいているのは、これまでもお伝えしているように許せていない思い、整理されていない未完了の感情が残っているからです。

環境を変えずとも「幸せ度」は格段に高められる

小野さんも「もっと」の無限ループから解放され、布1枚で日本中を旅され、公園で野宿という生活をされていますが、何倍も豊かさと幸せを感じておられるそうです。

公園で出会った親子から貝殻の〝お布施〟や、喉が渇いた日にすれ違ったおばあさんからイチジクをいただく、「そんな毎日がたまらなく愛おしい」とお話されていました。

私もレベルは違いますが、もっと会社から認められたい、収入を上げたいと朝から晩まで働いていた若い頃よりも、ありがたいご縁や、日々の素晴らしさを感じながら、自分のチカラを提供できる仕事をさせてもらっている今の毎日は何百倍も豊かで満たされています。

クライアントさんたちも同じような感想を持っています。

「もう無理だ、死にたい」「このままいなくなったらどんなにラクだろう」と考えていた人たちが有難い日々を味わいながら過ごせるようになると、環境などは変わっていないけれど、幸せ度はまったく違います。

「以前は辛くて泣いていましたが、今は幸せを感じて涙が出る」と言われる方もおられます。

そして科学的にも「〝もっと〟ではなく〝今〟に満足すると幸せになれる」といった研究の報告[※注5]がなされています。

自分のキャッチする情報は、今に生かしてこそ意味があります。

「もっともっと」という情報ばかり集めている自分が、焦りや不安を感じているのなら、それは本当のあなたの生き方ではありません。

家族がいてくれてありがたいな、朝日が綺麗で美しいな、この珈琲はこんなに香ばしかったのか、などと、今の毎日を味わうだけで豊かな気持ちに私たちはなれるのです。

脳は「シナプスの可塑性《かそせい》」で上書き機能に優れていることがわかっています。私も過去にとらわれていた頃は、母に言われた否定的な言葉や、殴られた際の痛み、学校での辛い思い出、腹が立った出来事など、とにかく嫌な出来事に対する細かいことまでたくさん覚えていて、数十年経過した後でも思いだすたびに怒りや悲しみを感じていました。

ですが、今の自分を生きるようになってからは、そういった出来事が思い出せない、つまり、覚えてもいない状態になったのです。

それは今日のこと、今の自分から見ている未来をフォーカスする脳の使い方になったからにほかなりません。過去の出来事が許せるということは、自分の受け止める許容量が広がった証拠でもあります。

ですから過去にどのようなことがあっても、小さな日常の出来事と同じ一経験の扱いと一緒にしてくれるのです。

余命3ヶ月の妻

クライアントさんの中には家族の病気を支えている人たちもおられます。ご家族が余命宣告を受けている人もいらっしゃいます。

クライアントの坂本信一郎さんもそのお一人でした。

事例
19

「今、生きているのは当たり前」と思っていた私

坂本信一郎さん（仮名）の場合

「最近、疲れやすそうだ」

それくらいに捉えていた奥様が、実は白血病で余命3ヶ月と診断されたというのです。奥様は即入院で、無菌室で過ごされることになり「どうしていいのかわからない」と途方に暮れておられました。

このような状態は本当に辛いですよね。信一郎さんの相談は「病院に行って妻の顔を見るたびに、あと○ヶ月でいなくなるのだと感じて涙が出てくるので、一緒に過ごす時間すら辛い」とのお話でした。

まず「今そのように感じるのは当たり前」「不安な思いはどんどん人に話していい」「一人で抱えないようにしてほしい」とお伝えしました。そしてご自身がフォーカスしているのは「奥様がいなくなること」だと確認しました。

そして「事実」を信一郎さんに挙げてもらいました。

- 同じ病気で余命宣告を受けても退院した人もいること
- 余命が3ヶ月かどうかはわからない

つまり「余命3ヶ月」という診断を受けて泣いて暮らしていても、事実は「そうではないかもしれない」というわけです。

また信一郎さんは次のような気持ちも明かしてくれました。

- 自分はこんな毎日を過ごしたくはないと思っている

不安から泣き続ける暮らしなど、たしかにやめたほうがよいに決まっています。とはいえ一般的に「不安がってしまう人たち」は、不安を予想してさらに不安になる「不安のマッチポンプ」を繰り返しているので、いつまでたっても〝不安迷路〟から抜け出せません。

こういった方々に私がよくする質問に「ご職業は預言者ですか？」という

ものがあります。皆さんは100％「違います」と答えます。つまり、未来を予想して当てる必要などないのですし、答えもわかりません。ですからフォーカスするのは今でいいはずです。

お話をしていくと信一郎さんは、
「余命はお医者さんが予想した目安で、妻は今、生きていますよね！　一緒にできることを楽しみます！」
と、ご自分で答えを見つけて「今できること・今楽しむ」を実践されるようになりました。

奥様がずっと行きたいと思っていた場所、やりたいと思っていたことなど、これまでできなかった話をしていると、元気だった時にはろくに話もせず一緒にも出掛けていなくて「お互いの時間を、いかにないがしろにしていたか」がわかったそうです。

そんな中、奥様はドナーが見つかり、手術は成功し、退院。

その時に話したやりたいことなどをご夫婦で一緒に楽しまれました。

「あのまま妻が病気にならなかったら、一緒の時間を表面的に過ごして満足していたと思います。お互い分かっていないことや気持ちを伝えていないことがたくさんあって驚きました」

このようにおっしゃっていました。


数年後。信一郎さんの奥様は、やりたいことを全部楽しまれたあと、白血病が再発して亡くなられました。

再発の際は「もう思い残すことはないから、治療はいい」と奥様ご本人が決断され、最後まで穏やかな時間を一緒に過ごされたそうです。

「『幸せだった、あなたと結婚してよかった』と毎日お礼を言ってくれました。私は妻と出会えて、本当に良かったです」

と教えてくださいました。


「生きていることが当たり前」と思っていると、見えてこないものがたくさんあります。でも実際は『安全な場所で、命を健やかに保てている』というだけで、奇跡のようにありがたいことであるはず。それだけで、安らぎや幸福感や満足感で満たされてくるほど、贅沢なことであるはずです。

そんな事実に気づき、安心感に包まれる人が増えるよう願ってやみません。

幸せになろうとしてはいけない

幸せになろうとして不幸になるサイクルを知っていますか？

ひとくちに「幸せ」といっても、種類と質に違いがあり千差万別なのです。本心で過ごしていない人たちの〝幸せになりたい〟には執着や資本主義の歪みが含まれています。

自己実現も「自分にしかうまみがない」内容は、執着やエゴが含まれている証拠です。

このような意識で行動すると〝自分だけの利益を中心として考え〟他者への思いやりは省略されてしまい、結局自分も満たされることはありません。

本当の幸せとは、自分も周りも自然と幸せになる状態を指します。

つまり、本当にそうしたいという思いで行動が継続できるということ。その結果相手も幸せを手にしているはずです。


この状態は脳の仕組みからも説明できます。

どのようなホルモン物質で脳を満たすのかで私たちの幸せは決まるのです。

とても分かりやすく説明されているのがこちらの図です。

これまでにもお伝えしている「今に集中」すること。

朝が気持ちいい、飲み物がおいしい、健康でありがたいこのような感情を持つと、できるのが一番下の土台部分「セロトニン的幸福」です。

セロトニン的幸福は自分一人で何もしなくても、生きているだけで幸せだという感覚になれます。

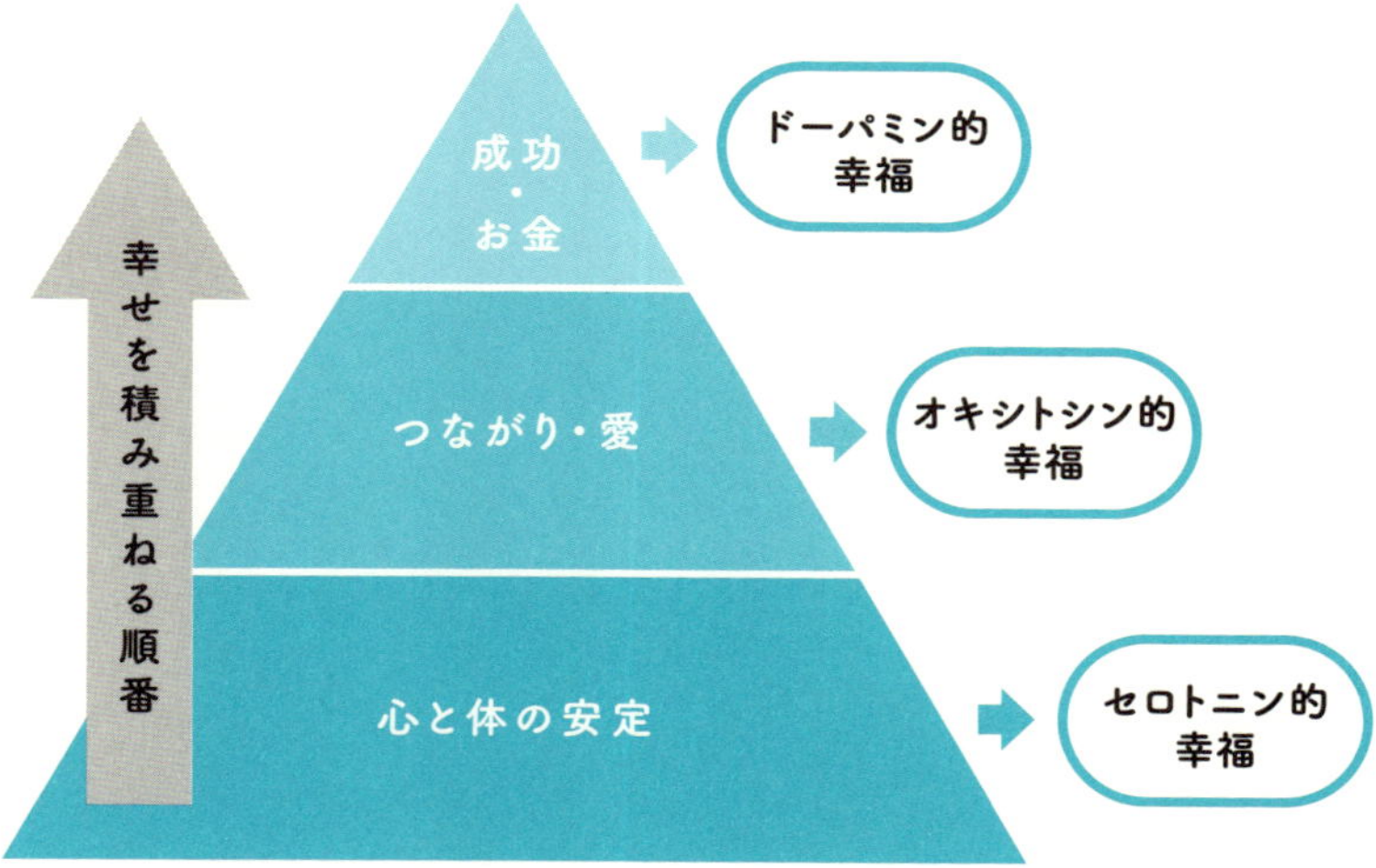

（出典『精神科医が見つけた3つの幸福 最新科学から
最高の人生をつくる方法』樺沢紫苑著／飛鳥新社）

次に愛情をつかさどるホルモンの「オキシトシン的幸福」が大事です。

オキシトシンは人と関わる時に出てきてくれます。

誰かと一緒にいて楽しい、嬉しい、安らぐ時の感覚です。ペットや赤ちゃんなど愛おしい対象と触れ合っている時の幸福感はオキシトシンのお陰です。

自分を否定している人は、人と関わっている時にオキシトシンが出ている幸せを感じられません。

受け入れられないのではないか、否定されているのではないのかと不安な方向にエネルギーを注ぎ、オキシトシンが出ない脳の使い方をしているのでメンタルにダメージが出てしまうのです。


一番上の「ドーパミン的幸福」(のドーパミン)は物質的なものを手にした際に出る報酬系のホルモンです。

新しい経験やチャレンジする時にも出てきてくれます。

ドーパミンはうまく付き合えば人生を豊かにしてくれるのですが、別名を「悪魔のホルモン」と呼ばれていて、先ほどお伝えしたような「もっともっと」という不足感を出して、終わらない欲求へと動かしてしまいます。

ご覧いただくとわかるようにドーパミン的な幸せは幸福図での割合が少ないのです。あくまでも下の部分が満たされない限り、本当の幸せは手にできません。下の幸せが手にできない、難しいと感じている人たちが目に見えやすい「ドーパミン的幸福」へと逃避しているケースも多いのです。

例えば、人から好かれたいから親切にしている場合は「自分のため」なので「ドーパミン的幸福」です。お金が欲しいから親切にしている、一目置いてもらいたいからする、なども同じです。

このように、自分のことしか考えられていない場合は「ドーパミン的幸福」に偏っています。自分も相手も大切、気持ちが良くてしている言動は「オキシトシン的幸福」で動けています。

だから「誰かの役に立った」とか「社会のために（全体のために）良いことをした」と思えた時はお金がなくても満足感と幸福感を感じられるのです。

セロトニンやオキシトシンには、ストレスを和らげるチカラがあります。不足した状態になるとイライラしたり、不安になることがわかっています。ですから自分と周りを大切に過ごすのは心と体の健康に結びつくのです。

このように利他的行動で幸福になる可能性について、因果関係を示した研究はたくさんあります。

〝感謝をする、伝える〟だけでも幸福を感じる

「オキシトシン的幸せ」が出る利他的行動は〝感謝をする、伝える〟だけでも十分効果があることが研究されています。義務的に「感謝しないといけない」と感じると不快な状態になりますが、心から感謝を感じる自分になるのは、大切なスキルです。

実際、**「感謝が人生を豊かにする」という結果報告**[※注6]は数多く出ています。

また**「他人のためにお金を使うこと」は幸福度を高めるのはもちろん、健康にもプラスになること**[※注7]が研究で明らかになっています。

「他人のためにお金を使うこと」と同じく「他人にお金をあげること」にも似たような効果があります。[※注8]

チャリティーにお金を寄付する人々は、収入を調整したあとでも、そうしない人々よりも自分は裕福だと感じると答えています。そして、たった1ドルを人にあげただけでもより裕福になった気がするのです。

このように利他的行動は、義務云々関係なく、本当の意味で幸せと感謝を脳も体も感じられる行動なのです。

ポイントは「自分と周りの人、両方の気持ちがいいかどうか」「本当にそうしたいと思っているのか」です。

例えば「子どもはディズニーランドで過ごすのが好きだけど自分は苦手」というケースについて考えてみましょう。

「親は子どもを喜ばせるためには、なんでも我慢するのが正解では？」

そう思う人がいるかもしれません。

〝自分も子どもも両方〟を考えると自分が我慢をする部分に、ある程度の線引きが必要です。いくら最愛の子どもでも、全部相手の希望に沿うことは不可能です。

頻度や回数、自分が楽しいと思えるＭＡＸの滞在時間と相手の希望をすり合わせるなど、自分がここまでなら気持ちよく一緒に楽しめるという希望を話し合い、みんなが一番楽しめる時間を目的にしてせっかくの時間と機会を満喫したほうが皆さんの脳内が心地よい状態で楽しめます。

公平で、お互いが幸せになれること。

いい関係を築くには、これ以外の方法はあり得ません。

それには融通を利かせて互いに歩み寄ることが大切で、誰かが犠牲になってはいけません。妥協にもいい妥協と、良くない妥協があります。

どなたかが言った名言に「自分が幸せだと思える人はそれ以上に周りを幸せにしている人」という言葉がありますが、本当にその通りで、ブッダも「道理や善行」に触れ、人を日々大切にすること、人のために役に立つことを説いています。そんな利他的な生き方の実践も、**スッキリさわやかに過ごせる自分**へと導いてくれます。

自分の「明」を手に入れる

「自分」を取り戻すことで「恐れ」から解放され、人生をより前向きに歩めるようになったクライアントさんがいます。クライアントの大久保千佐子さんです。

事例
20

「自分で答えを見つけられない」と怯えていた私

大久保千佐子さん（仮名）の場合

ある朝、千佐子さんから「悟りました！」というタイトルでメッセージが届きました。千佐子さんは「今どれくらい困っているのか」「どれくらい自分が辛くて大変なのか」という長いメールをたびたび送ってこられる方で、眠りにつくまで「夜が怖い」「死ぬのが怖い」などと考えてしまい、眠りが浅く不安障害もお持ちでした。

そんな彼女がいつもと違う様子なので、いったいどうしたのだろうとメールを開いたところ、なんと、彼女は自分の「明」を手に入れていたのです。

無明とは苦しみの原因を見ないで、的外れな対処をすることでした。死や他人の言動、未来がどうなるのか、すべて私たちには何もできないことですが、そういったものをどうにかしようとしたり、執着するので苦しくなるという教えです。

千佐子さんも「死ぬのが怖い」と自分ではどうにもならないことを、まさに考えていたわけですが、本当に恐れているものと向き合ったおかげで、「死」

で薄めていたある自分を発見したのです。

それは「自分で答えを見つけられない」「だから生き辛い」と怯えている自分でした。

「答えは自分で見つけられるし、選択もできる、選んだ答えを楽しめる。間違ったら修正だって可能。自分はそんな人間であるはずだ」

そう思い出したのです。


自分を取り戻した人たちは、まさに自分の選択を存分に楽しみながら、心地よさを周りにも広げておられます。こういった生き方には常に安心感があり、人生を前に進めます。

「私は大丈夫」と思えている本質的な自己肯定感を持っている、オキシトシンとセロトニン的幸福を持って生きる過ごし方です。

ブッダは亡くなる直前に**「この世で自らを島とし、自らをたよりとして、他人をたよりとせず、法を島とし、法をよりどころとして、他のものをより**

どころとせずにあれ」という言葉を残しています。

（参照『ブッダ最後の旅』中村元訳／岩波書店）

ブッダが病に倒れた時、一時回復して小康状態に戻りました。

この時お弟子さんが「私がこれから進むべき道や教えもまだ明らかではない。それなのにお釈迦さまは涅槃に入られると心配でしたが、これで安心です」と言った時に、「私に何を期待するのか、教えは既に説いている、私がいる、いないに関わらず、自分を頼りとし、正しい教えを頼りとしなさい」と諭されました。

このようにブッダは「自分（ブッダ）のようになれ」とは一言も言っていません。自分で答えを見つけ、自分を拠り所としなさいと言っています。

「明」とは自分で答えを見つけるチカラです。

無明の教えが本当に伝えたいことは、どうにもならないことにしがみつくのはやめて、自分で答えを見つけて周りの人を照らしなさいというメッセージでもあります。

自分で答えを見つけようとしないと、探す気はないので、当然、答えは見つかりません。答えがないのは不安なので、検索で答えを探したくなったり、何かのお告げが必要な気がしてしまうのです。

脳には、具体的な質問を投げかけると答えを探そうと動いてくれるサーチエンジンのような機能があります。検索する時、まずは質問を入力しないと答えは出てきません。

「自分で答えを見つける！　私の中にこそ答えはあるはずだ！」

このような意識で自分の脳に質問を投げかけ、答えを探していくとあなたも「明」を手にできます。そこから**スッキリさわやかに過ごせる自分**に近づいていけます。

以前は不安で眠れない毎日を過ごしていた千佐子さんが「悟りました！」と連絡をくれたとき。彼女は、その視界が開けたような感覚と同時に「自分らしさ」も獲得したのです。

さらに詳しく！

※注1「私たちが日常的に意識していない心の活動や思考の一部のこと」（41ページ）

青山学院大学教授の鈴木宏昭氏の著作『認知バイアス　心に潜むふしぎな働き』（講談社）にも「自分の心の働きは自分が一番よくわかっている」という反論に対して、次のように述べています。

・私たちは意識できない脳の働き、情報処理の影響を強く受けている
・現代科学における無意識は、まさにその名の通り「意識できない」心の働きを指す
・私たちは複雑な認知プロセス自体には意識的アクセスができず、単にその結果を意識しているに過ぎない

※注2「依存」（139ページ）

いわゆる「依存」には、お酒や薬といった依存しやすいものだけでなく、ご飯や人に対する依存もあります。／「選択肢を他人に丸投げして自分で解決策を出さない」／「不安な気持ちやイライラする気持ちを他人に頼らないと消せない」／なども当てはまります。／一般的に「依存症」のレベルとしては、特定の物質使用や行為が身体的、精神的になくてはならない状態になり、自分ではコントロールできなくなってしまう場合に病気と診断されます。

（引用出典『頭んなか「メンヘラなとき」があります。』
精神科医いっちー著／ダイヤモンド社）

※注3「ドーパミン」（140ページ）

（前略）ドーパミンが作用すると、被験者は喜びの感情を経験し、どんなことをしてでもその希少な細胞を活性化させようとした。それどころか、適切な条件がそろうと、ドーパミンを活性化して快感をもたらす行動に抗うことさえできなくなった。一部の科学者は、ドーパミンに「快楽物質」の名を与え、一連のドーパミン産生細胞が脳内でたどる経路を「報酬系」と名づけた。

（中略）／研究者らが発見したのは、ドーパミンの本質は快楽ではまったくないという事実だった。ドーパミンは、それよりもはるかに影響の大きい感情を生み出している。（中略）その領域は、目をみはるほどに広い。たとえば、芸術、文学、音楽の創造。成功の追求。新世界や自然の法則の発見。神をめぐる思考。そして、恋もそのひとつだ。

（引用出典『もっと！　愛と創造、支配と進歩をもたらすドーパミンの最新脳科学』ダニエル・Z・リーバーマン、マイケル・E・ロング著、梅田智世訳／インターシフト）

※注4「他人から感謝されたとき、人は喜びを感じるようにできている」
（199ページ）

「幸福度」の調査研究で有名なカリフォルニア大学リバーサイド校のソニア・リュボミアスキー博士は「感謝の気持ちを言葉にして伝えると自分にも相手にもポジティブな効果があり、幸福度が上がる」という研究結果を報告しています。また、感謝の科学の第一人者、同じくカリフォルニア大学デイビス校のロバート・エモンズ教授も次のように述べています。

「感謝をする人ほど、免疫力や痛みへの耐性が強く、血圧が低い。ポジティブで生きがいや喜びを感じやすく、幸福感も高い。親切で寛大、社交的で孤独になりにくい」

（出典『「感謝」の心理学』ロバート A・エモンズ著、中村浩史訳／産業能率大学出版部）

※注5「〝もっと〟ではなく〝今〟に満足すると幸せになれる」といった研究の報告（242ページ）

同じく『「感謝」の心理学』において、カリフォルニア大学デイビス校教授で心理学者のエモンズ博士が次のような研究結果を発表しています。

テキサス工科大学の心理学者ジェフ・ラーセンは、大学生に自動車、ステレオ、ベッドなど52の異なる物品の項目リストを渡し、それらを所有しているかどうかを尋ねました。／例えば学生が車を所有していた場合、研究者たちは学生に、持っている車にどれだけ満足しているかを評価するよう依頼しました。車を持っていない人には、どれくらい車が欲しいかを評価するよう頼みました。自分が持っている物により満足している人たちは、自分が持っている物にあまり満足していない人たちよりも幸せでした。一方で、欲しい物のうち、より多くを実際に持っている学生は、望む物をあまり持っていない学生よりも幸せである傾向が見られました。

※注6「「感謝が人生を豊かにする」という結果報告」(256ページ)

『「感謝」の心理学』には次のような報告がされています。

学生に、日々の出来事について感謝の手紙か日記を書くようにと、5日間にわたり毎日10分~15分が与えられました。/当初は幸福度が低かった若者が、この研究プロジェクト後と、2カ月後のフォローアップの時点で、より一層の感謝と幸福感を報告したことが、結果として示されました。ポジティブな感情が高い若者は、自発的にやる気を出し、より批評的で柔軟に物事を考え、より意欲的に計画を立て自身の学びをチェックします。これは、かなり有力な知見です。

対照的に、幸福感の低い人々は、学校から離れ、諸活動からも遠ざかり、関係者に抵抗する傾向があります。

※注7「他人のためにお金を使うこと」は幸福度を高めるのはもちろん、健康にもプラスになること（256ページ）

イギリスのベッドフォードシャー大学の社会心理学ウィリアム・M・ブラウンらが行った1000人以上の高齢者を対象にした研究で、お金または別の形の援助を、親類と親類以外の両方に提供した人は、全体的な健康状態が良好だと答えました。この関係は、収入や運動能力など他の変数を考慮に入れたあとでも成立しました。

他人を助けることの健康への恩恵は時間が経つにつれて大きくなっていく傾向がありますが、たった1回、向社会的支出をしただけでも波及効果が起こりえます。／（中略）実験で、人々に10ドルを渡し、自分の好きな額だけお金を他の人（その人はお金を受け取っていない）に分けてくださいと言いました。渡す相手はどのような額でも文句を言わないし、また10ドルそっくり自分のものにしても罰則はないという条件です。

この実験では、人々は半分よりちょっと少ない額（厳密にいえば、4ドル48

セント）を人に与えることにしました。たくさん人にあげればあげるほど、人々は幸せを感じました。また、より多くのお金を他人に与えた人は恥を感じることも少ないと報告しました。おそらく、たなぼたのお金を全部ポケットに入れてしまうのは、社会的不名誉になると感じるのでしょう。

〔またリズたちは参加者に市販のロール綿を軽く噛んでもらいました。〕コルチゾールというストレスに関係するホルモンのレベルを、唾液を介して測定するためです。結果、どのくらいの金額を自分のものにするかを決めるときに恥を感じれば感じるほど、その後の唾液中のコルチゾールのレベルが高くなることがわかりました。／つまり、寛大になるかケチるかで、体に強い影響が出るのです。（中略）このストレス・ホルモンのレベルがずっと高いままだと長い時間が経つうちに体が消耗してしまう可能性があります。コルチゾールは心臓病などさまざまな健康上の問題に関連づけられています。

（出典『「幸せをお金で買う」5つの授業』エリザベス・ダン、マイケル・ノートン著、古川奈々子訳／KADOKAWA）

※注8 「『他人のためにお金を使うこと』と同じく『他人にお金をあげること』

にも似たような効果があります」(256ページ)

『「幸せをお金で買う」5つの授業』には次のような報告もされています。

ある実験で、人々に1ドルが入った封筒を渡し、このお金を自分のものにするか、チャリティーに寄付するか(中略)、もしくは実験者に返してもらいました。だれが一番裕福な気分になったでしょうか? 論理的に考えれば、お金を返した人とチャリティーに寄付した人が、同じように貧乏になったような気がするはずです。どちらの人も1ドルを失ったのですから。

ところが、お金を寄付した人々は、返した人たちよりもはるかに裕福な気分になり、ただで1ドルをもらった人々と同じくらい裕福な気持ちになったのです。時間を人のために使うと、自分には人に分け与えられるほどたくさん時間があるに違いないと感じるのと同じで、お金を人にあげると、人にあげられるほどたくさんのお金を持っているような気持ちになるのです。

他人に投資することは、多くの恩恵をもたらし、幸福だけではなく、健康や裕福な気分にまで影響します。

おわりに

ここまで読んでいただきまして、本当にありがとうございました。

私自身がモヤモヤに押しつぶされそうな時、心細くて仕方のない日々を仕事やほかのもので気を紛らわしながら過ごしていました。

小さなことから人生全体のことまで気になり、もはや何から手を付けたらいいのかわからなくなってしまっていたものです。そんな私が自分の「明」を見つけられたことで、人生に慈しみを持って過ごせるようになっただけでなく、同じような悩みを持った方のお手伝いもできています。

答えが見えない時、私を支えたもう1つのブッダの教えをお伝えします。

それは**「無記」**という教えです。

「死後の世界はあるのか」「神様はいるのか」という弟子の質問にブッダはシンプルに「無記」と答えられました。わからないから書く必要はないという意味です。そのことを知った時「お釈迦様にもわからないことを、私が考えなくてよい、答えなんて探さなくていいのだ」「今の自分を大切にする人を増やせばいいのだ」と、力がフッと抜けました。

7500人以上のクライアントの皆様と関わって感じた〝本当の自立と自由〟な状態。それは自分が自分の感情を大切にできる生き方です。

未完了の感情を下ろし、劣等感や罪悪感から解放されてからようやく、本来の自分をのびのび楽しめる自由がやってきます。

一方、モヤモヤを抱えたままの人たちは、感情を大切にできていません。

そしてそんな生き方は、**自分や周りに嘘をつきながら過ごしているのと同じ**と気づけていない人も多いのです。

「何から何まで自分で選択できて楽しい！」「もっと可能性を広げたい！」

こんな風に**スッキリさわやかに過ごせる人**が一人でも増えますよう願ってやみません。

最後にこれまでご縁をいただいたたくさんのクライアントの皆様、人生が変わる瞬間に立ち会わせていただいて本当にありがとうございます。

それから、私以上に私の伝えたいことを理解し、ご尽力いただいた、かぎろい出版マーケティングの西浦孝次様、読者にわかりやすく素晴らしい内容にブラッシュアップしていただいた、ワニブックスの内田克弥編集長をはじめライターの山守麻衣様には本当にお世話になりました。心より感謝申し上げます。


個別に書き出していくと、本には収まり切らない、書ききれないほどのたくさんの方々にお世話になっています。すべてのご縁をいただいた皆様や大切な友人、家族にも、改めてありがとうございます。

日々の人生を助けてくれている私の細胞や脳にも、ありがとう！

そしてブッダの教えやマインドは、脳使いのスペシャリストとしても、尊敬の念に堪えません。素晴らしい教えに出会えた感謝と共に。

田中よしこ

マインドトレーナー
株式会社コレット代表取締役
情報経営イノベーション専門職大学 客員教授

田中よしこ

（たなか・よしこ）

自分自身が生きづらさを抱え、本当の自分と向き合った30年間の経験をベースに、心理学・脳科学・仏教、コーチングの知見を取り入れ、「自分を本当に知る」ことをメソッド化。個人セッションやセミナーなどを中心に、潜在意識を整え、本心と「未来の理想の思考」を引き出す方法を伝えている。現在まで、約7500人以上の人たちの、本当の自分らしさを手に入れるサポートをしている。著者に『自分の気持ちがわからない沼から抜け出したい 仕事・恋愛・人間関係の悩みがなくなる自己肯定感の高め方』（KADOKAWA）がある。

田中よしこ
LINE Official Account
はこちら

プロデュース　西浦孝次（かぎろい出版マーケティング）
ブックデザイン　小口翔平+村上佑佳+青山風音（tobufune）
編集協力　山守麻衣（オフィスこころ）
カバーイラスト　くにともゆかり
本文イラスト　ryuku／シュガー
校正　玄冬書林
編集　内田克弥　吉岡萌（ワニブックス）

モヤモヤしない考え方

著者　田中 よしこ
2024年12月10日　初版発行
2025年 1 月20日　2 版発行

発行者　髙橋明男
発行所　株式会社ワニブックス
〒150-8482
東京都渋谷区恵比寿4-4-9えびす大黒ビル
ワニブックスHP　http://www.wani.co.jp/
（お問い合わせはメールで受け付けております。
HPより「お問い合わせ」へお進みください）
※内容によりましてはお答えできない場合がございます

印刷所　美松堂
DTP　三協美術
製本所　ナショナル製本

ISBN 978-4-8470-7485-1

WANI BOOKOUT　http://www.wanibookout.com/
WANI BOOKS NewsCrunch　https://wanibooks-newscrunch.com/